职业教育·城市轨道交通类专业
新形态一体化系列教材

城市轨道交通信号基础设备维护

活页工作手册

主　编　李　莉　杨　帆
副主编　张利彪　杨　绚
主　审　丁　珣

人民交通出版社股份有限公司
北　京

内 容 提 要

本书为职业教育城市轨道交通类专业新形态一体化系列教材之一，由职业院校一线教师和企业一线技术人员共同编写，主要内容包括维护信号专用继电器、维护信号机、维护转辙机、维护轨道电路、维护计轴设备、维护应答器、维护信号防雷和接地设备，共 7 个项目、17 个任务。内容紧贴信号维修技术员真实工作情境、典型工作任务。项目总体以新地铁线路信号基础设备投入使用和设备维护为背景，任务依照资产盘点—电路分析—设备拆装—设备维护—应急抢修的逻辑顺序设置，梯度明晰，难度依次递增。

本书对接"金砖国家职业技能大赛——铁路信号设备维护技能"赛项、"列车运行控制系统现场信号设备运用与维修"1＋"X"证书中的相关内容，增加维护检修新技术，配套动画、视频、图片、仿真软件等信息化资源和 MOOC 课程，充分体现"互联网＋"新形态一体化教学理念。

本书可作为高职城市轨道交通通信信号技术专业的课堂及实训教材，也可作为城市轨道交通运营企业信号维修技术人员的学习参考书。

＊本书配套 PPT 课件等教学资源，任课教师可通过加入"职教轨道教学研讨群"获取（教师专用 QQ 群号：129327355）。

图书在版编目（CIP）数据

城市轨道交通信号基础设备维护/李莉,杨帆主编.—北京:人民交通出版社股份有限公司,2023.9
ISBN 978-7-114-18556-4

Ⅰ.①城… Ⅱ.①李… ②杨… Ⅲ.①城市铁路—铁路信号—信号设备 Ⅳ.①U239.5

中国版本图书馆 CIP 数据核字(2022)第 256286 号

职业教育·城市轨道交通类专业新形态一体化系列教材
Chengshi Guidao Jiaotong Xinhao Jichu Shebei Weihu

书　　名：	城市轨道交通信号基础设备维护
著 作 者：	李　莉　杨　帆
责任编辑：	司昌静
责任校对：	赵媛媛　龙　雪
责任印制：	张　凯
出版发行：	人民交通出版社股份有限公司
地　　址：	(100011)北京市朝阳区安定门外外馆斜街 3 号
网　　址：	http://www.ccpcl.com.cn
销售电话：	(010)59757973
总 经 销：	人民交通出版社股份有限公司发行部
经　　销：	各地新华书店
印　　刷：	北京市密东印刷有限公司
开　　本：	787×1092　1/16
印　　张：	14.75
插　　页：	2
字　　数：	304 千
版　　次：	2023 年 9 月　第 1 版
印　　次：	2023 年 9 月　第 1 次印刷
书　　号：	ISBN 978-7-114-18556-4
定　　价：	49.00 元

(有印刷、装订质量问题的图书，由本公司负责调换)

前·言
Preface

主要内容

《城市轨道交通信号基础设备维护》由职业院校一线教师与企业一线技术人员共同编写完成。本书以项目任务为导向,内容贴近生产实际需求,具有可操作性,可作为高职城市轨道交通通信信号技术专业的课堂及实训教材使用,也可作为城市轨道交通运维企业的员工培训教材使用。

本书涉及的城市轨道交通信号基础设备,包括继电器、信号机、转辙机、轨道电路、计轴、应答器、防雷和接地。根据地铁企业的不完全统计,上述信号基础设备维护工作量占所有信号设备维护工作量的50%以上,其故障数量占所有信号设备故障数量的40%以上。因此,本书所涉及的设备维护和管理能力是城市轨道交通信号维修技术员必备的基本职业技能。

编写思路

本书由7个项目构成,是在教与学的过程中完成的,根据企业岗位工作需要和实际教学要求,将7个项目设计为17个任务,教学过程强调学生主动参与,教师指导引领。项目实施的总体设计以地铁新线路投入正式运营为背景,地铁运营单位接管新线后,信号维护部门需要组织一线信号维修技术员完成信号基础设备的统计,查找维护策略要求,标准规范地完成对应设备的维护任务。

本书每个项目中包含若干个任务,首先,进行信号基础设备的信息收集任务,通过查找技术规格书、安装手册、使用手册、维护手册、设计原理图、布局图等项目资料完成对现场设备类型的统计和维护内容的确定;然后,对照维护项目,配置对应的维护资源,完成维护任务;最后,通过故障处理的组织实施,实现设备维护能力的提升。

在完成基本知识储备后,本书以企业实际工作任务为例,在任务实施环节设计任务的分析、实施和记录填写,并将职业技能大赛部分内容融入任务实施中。任务结束后安排了想一想等环节,有助于学生能力的拓展和提升。

另外,编写团队制作和收集了动画、视频、图片等教学资源,实现纸质教材+数字资源的结合,落实"互联网+"新形态一体化教学理念,学生通过扫描书中二维码可以观看对应资源,激发学生自主学习兴趣,实现高效的课堂互动。

编写团队

本书由北京交通运输职业学院李莉(曾任北京京港地铁有限公司通号维修高级工程师)担任主编,编写本书项目2、项目3、项目4。中国铁建电气化局集团有限公司高级工程师杨帆编写本书项目1、项目5,并完成项目任务实施的统筹。北京交通运输职业学院杨绚、张利彪、刘金梅老师共同编写本书项目6、项目7,并为教材的编写提出了很多宝贵意见。本书由中国铁建电气化局集团有限公司教授级高级工程师丁珣担任主审。

致谢

编写本书时,编者查阅和参考了众多文献资料,从中得到了许多教益和启发,在此向参考文献的作者致以诚挚的谢意。编者所在单位和原单位的有关领导和同事也给予了很多支持和帮助,在此表示衷心的感谢。由于编者水平有限,书中纰漏难免,恳请各位读者指正。

作　者
2023年6月

目录 Contents

课程学习说明 ………………………………………………………… I
数字资源索引 ………………………………………………………… II
课程导学　绘制城市轨道交通信号基础设备组成框图 …………… 001
项目1　维护信号专用继电器 ……………………………………… 009
　　任务1.1　完成信号继电器资产盘点 …………………………… 011
　　任务1.2　分析信号继电器使用情况 …………………………… 024
　　任务1.3　实施AX系列继电器维护 …………………………… 035
　　项目拓展及演练 ………………………………………………… 046
　　知识与技能自测 ………………………………………………… 050
项目2　维护信号机 ………………………………………………… 051
　　任务2.1　完成信号机资产盘点 ………………………………… 053
　　任务2.2　实施现场信号机维护 ………………………………… 062
　　项目拓展及演练 ………………………………………………… 072
　　知识与技能自测 ………………………………………………… 074
项目3　维护转辙机 ………………………………………………… 075
　　任务3.1　完成转辙机资产盘点 ………………………………… 077
　　任务3.2　拆装转辙机机械结构及锁闭装置 …………………… 088
　　任务3.3　识读转辙机电路结构 ………………………………… 101
　　任务3.4　完成转辙机维护 ……………………………………… 113
　　项目拓展及演练 ………………………………………………… 125
　　知识与技能自测 ………………………………………………… 128
项目4　维护轨道电路 ……………………………………………… 129
　　任务4.1　统计轨道电路区段 …………………………………… 131

任务4.2　完成一个区段轨道电路的维护 …………………… 141
　　项目拓展及演练 …………………………………………… 148
　　知识与技能自测 …………………………………………… 151

项目5　维护计轴设备 ……………………………………………… 153
　　任务5.1　完成计轴设备资产盘点 ………………………… 155
　　任务5.2　完成计轴设备维护 ……………………………… 168
　　项目拓展及演练 …………………………………………… 176
　　知识与技能自测 …………………………………………… 179

项目6　维护应答器 ………………………………………………… 181
　　任务6.1　完成应答器资产盘点 …………………………… 183
　　任务6.2　完成应答器设备维护 …………………………… 192
　　项目拓展及演练 …………………………………………… 200
　　知识与技能自测 …………………………………………… 203

项目7　维护信号防雷和接地设备 ………………………………… 205
　　任务7.1　完成防雷和接地设备资产盘点 ………………… 207
　　任务7.2　完成防雷和接地设备维护 ……………………… 216
　　项目拓展及演练 …………………………………………… 223
　　知识与技能自测 …………………………………………… 225

参考文献 …………………………………………………………… 226

附图1　ZD6转辙机电路图
附图2　ZD(J)9转辙机电路图
附图3　车辆段信号设备平面布置图
附图4　正线某集中站区域信号设备平面布置图

课程学习说明

我们即将使用本教材进行"城市轨道交通信号基础设备维护"课程的学习与探究,在课程开始之前,为了更好地使用本教材开展卓有成效的岗位实践学习,按照实际工作场景,进行如下说明:

情境说明　你所在的城市新建一条地铁线路,地铁建设单位已完成本地铁线路的施工建设工作,通过了各项验收,并向地铁运营单位进行了该地铁线路的属地管理权、行车指挥权、设备使用权等"三权移交"工作。此时,地铁运营单位刚刚接管该新线的运营权,第一时间组建新线工程部,要求工程部所辖各专业设备维修室尽快接管新线各设备设施的维护任务。

身份模拟　你作为一名信号设备维修室的信号维修技术员,以信号维护工区的一个班组(4~6人)为单位,完成所在工区属地管理范围内的信号设备维护任务。

工作任务　新线开通在即,信号设备维修室接到任务,要求尽快确定本地铁线路中信号基础设备的资产数量、布置原则、结构特点、电气指标,标准规范地编写新线信号基础设备的维护指引,并组织人员有序开展信号基础设备的维护工作,确保新线按时开通运营,顺利度过地铁建设转运维的里程碑时期。

获取资料　资料获取途径包括:(1)查找新线建设单位所提交的《设备技术规格书》《设备维护说明书》《产品规格说明书》等各类文件;(2)查阅标准规范;(3)借鉴既有线路信号基础设备维护经验;(4)组织进行新线设备探查,实地了解记录设备情况;(5)工区所辖区域线路信号设备图,如附图3和附图4。

职业准备　一条新地铁线路开通初期,是设备维护部门工作最艰苦的时期,是提升部门人员职业技能最有效的时期,也是形成部门凝聚力,建立安全第一、以客为先、勇于担当等部门文化的关键时期。请同学们转换视角,以新线主人翁身份要求自我,主动积极完成工作任务,提升综合素质。

数字资源索引

序号	资源名称	资源类型	所在位置	序号	资源名称	资源类型	所在位置
1	信号基础设备	工匠引领	002	26	ZD6转辙机维护	微课演示	113
2	CBTC系统整体组成及工作原理	动画演示	003	27	ZD(J)9转辙机维护	微课演示	117
3	三轨安全接地工作	微课演示	005	28	ZD6转辙机维护	软件演示	120
4	继电器介绍	工匠引领	010	29	ZD(J)9转辙机维护	软件演示	120
5	信号继电器基本原理	微课演示	011	30	水淹道岔故障应急处置	动画演示	123
6	识别不同类型的继电器	微课演示	015	31	挤岔事故应急处置	动画演示	125
7	安全型继电器的识别	动画演示	017	32	轨道电路介绍	工匠引领	130
8	信号继电器结构及原理	微课演示	024	33	轨道电路构成	动画演示	131
9	继电器电路的功能	动画演示	028	34	轨道电路维护	软件演示	141
10	继电器拆装	软件演示	035	35	轨道电路维护	微课演示	144
11	继电器维护	软件演示	037	36	计轴器介绍	工匠引领	154
12	信号机介绍	工匠引领	052	37	计轴器工作原理	动画演示	155
13	信号机介绍	动画演示	053	38	计轴安装	软件演示	160
14	信号机拆装	软件演示	055	39	计轴维修	微课演示	168
15	信号机日常维护及故障检修	微课演示	062	40	计轴维护	软件演示	172
16	信号机维护	软件演示	066	41	计轴严重故障应急处置	动画演示	176
17	信号机绿灯光源不足故障应急处置	动画演示	072	42	应答器介绍	工匠引领	182
18	转辙机介绍	工匠引领	076	43	应答器原理	微课演示	183
19	ZD6转辙机拆装	软件演示	088	44	应答器定位原理	动画演示	184
20	ZD(J)9转辙机拆装	软件演示	089	45	应答器安装	软件演示	186
21	外锁闭锁钩动作	动画演示	090	46	应答器维护	软件演示	192
22	转辙机启动电路认知	微课演示	101	47	无源应答器报文丢失故障原因及处理	动画演示	200
23	ZD6转辙机控制电路演示及故障查找	软件演示	101	48	防雷和接地介绍	工匠引领	206
24	ZD(J)9转辙机控制电路演示及故障查找	软件演示	105	49	地铁信号系统防雷和接地原理	动画演示	207
25	ZD(J)9转辙机电路故障应急分析	动画演示	110	50	防雷和接地设备维护	微课演示	216

绘制城市轨道交通信号基础设备组成框图

课程导学 — 城市轨道交通信号基础设备维护

相关要求

本部分为课程学习的总体铺垫，为后续项目学习打基础，要求绘制城市轨道交通信号基础设备框图，理解信号基础设备在信号系统中的作用和地位，分析信号基础设备维护风险。

相关说明

城市轨道交通信号系统是历经一百多年的技术发展而形成的，其功能是保障列车运行安全，提高行车效率。信号基础设备包括继电器、信号机、转辙机、轨道电路、计轴设备、应答器、防雷和接地设备等。辨识信号基础设备，绘制城市轨道交通信号基础设备组成框图，形成信号基础设备构成总体框架，是信号基础设备维护工作的前提。

学习目标

知识目标

1. 理解信号基础设备在信号系统中的作用和地位。
2. 掌握信号基础设备的维护管理要求。

能力目标

1. 能复述城市轨道交通信号系统的组成。
2. 能识别信号基础设备维护工作的安全风险并能够提前预防。

素质目标

1. 树立保护人民生命财产安全的职业意识。
2. 维护工作中建立安全意识与责任意识。

工匠引领

信号基础设备

建议学时

2 课时。

接受任务

完成绘制城市轨道交通信号基础设备组成框图的任务，需要对信号系统的整体结构进行认知，了解信号基础设备、信号联锁、列车自动控制系统之间的关系。通过思维导图的方式，绘制城市轨道交通信号系统基础设备组成框图。

任务准备

● 准备工作1　了解信号系统的整体结构

传统的信号系统是信号、联锁、闭塞的总称，由信号显示设备、转辙机、轨道电路及其他附属设备构成。随着列车运行速度提升和追踪间隔加密，传统的信号系统已不能满足城市轨道交通运营需求。新建或改建的城市轨道交通工程大多采用列车自动控制系统（Automatic Train Control，ATC）。ATC 系统由列车自动监控（Automatic Train Supervision，ATS）、列车自动防护（Automatic Train Protection，ATP）、列车自动运行（Automatic Train Operation，ATO），以及计算机联锁（Computer Interlocking，CI）四个子系统组成。各个子系统之间通过信息交换网络构成闭环系统，实现列车运行的自动控制。信号系统组成如图 0-1 所示。

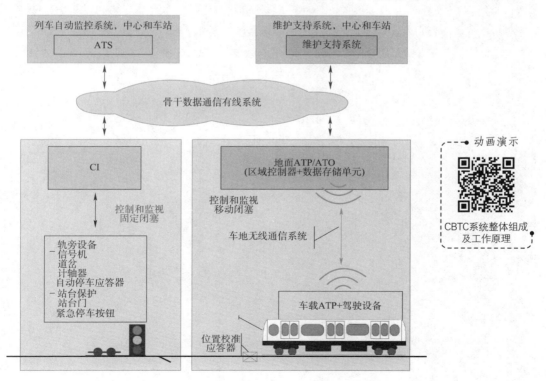

图 0-1　信号系统组成

●准备工作2　掌握信号基础设备的组成

在城市轨道交通信号系统中,信号基础设备完成信号系统信息采集、控制命令执行等工作,主要位于轨旁,是改善行车人员劳动条件的关键基础设施。信号基础设备主要包括继电器、信号机、转辙机、轨道电路、计轴设备、应答器、防雷和接地设备等。根据某地铁运营公司的不完全统计,信号基础设备的维护工作量占信号维修技术员工作量的50%以上,其故障数量占所有信号设备故障数量的40%以上。回顾轨道交通运营的历史过程,信号基础设备故障曾造成重大安全事故。因此,信号基础设备维护是城市轨道交通通信信号技术人员的必备职业能力,同时也是各个城市轨道交通运营公司人员绩效考核、内部升职考试的重点考核内容。

信号基础设备维护随着科技的不断发展而更新变化。传统的信号基础设备故障诊断,是指由信号维修技术员,根据信号设备的构造、功能、信号设备的控制原理,对信号设备所出现的故障进行分析诊断。这就需要信号维修技术员必须具有一定的设备维护经验和技术能力。常用的故障诊断方法有校核法、观察法、试验分析法、逻辑推理法等。

前沿技术	随着信号系统的不断发展和新技术的应用,传统的故障诊断方法有时难以对信号基础设备的故障进行精确诊断。近年来,人工智能等诊断方法得到越来越广泛的应用。相较于传统的故障诊断方法,人工智能诊断法是借助仪器仪表,利用硬件检测和软件分析对信号基础设备故障进行智能诊断,再对诊断数据进行状态识别、状态预测及推理,模拟专家的逻辑思维来解决问题。 以小组为单位,查找资料,整理信号系统中应用的具体的智能运维设备,说明其功能和作用。
学习笔记	

任务实施

● 实施工作1　识别风险及防范

结合信号设备实训室的环境和设备,分析在实训室进行信号基础设备操作、维护等工作时可能遇到的风险,完成表0-1填写,并提前制定防范措施。目的是落实"5S"管理原则,为后续实训的各项任务创造安全、卫生、文明的作业环境。

微课演示

三轨安全接地工作

风险分析表　　　　　　　　　　　　表0-1

工作类型	风险	防范措施
示例: 低压电气操作	示例: 风险为:触电	示例: 环境:作业区域放置警告牌、三轨接地 设备:操作的设备需要断电后才能工作 人员:穿绝缘鞋、戴绝缘手套、穿反光衣
机械设备操作	风险为:_____ _____ _____	环境:_____ 设备:_____ 人员:_____
搬运或提举物件操作	风险为:_____ _____ _____	环境:_____ 设备:_____ 人员:_____
危险化学品使用	风险为:_____ _____ _____	环境:_____ 设备:_____ 人员:_____
其他	风险为:_____ _____ _____	环境:_____ 设备:_____ 人员:_____

> **职业素养**　维护工作中要有严谨规范的职业意识,遵循"5S"管理原则,细致认真地工作,把细节变为规范,让规范成为习惯。查找"5S"管理原则的含义,进行课内分享。

实施工作2　不同区域信号设备统计及绘图

根据实训室实际信号系统设备,结合前述内容,识别实训室的信号设备,按照设备所处位置完成不同区域信号设备的统计,绘制城市轨道交通信号基础设备组成框图(图0-2)。

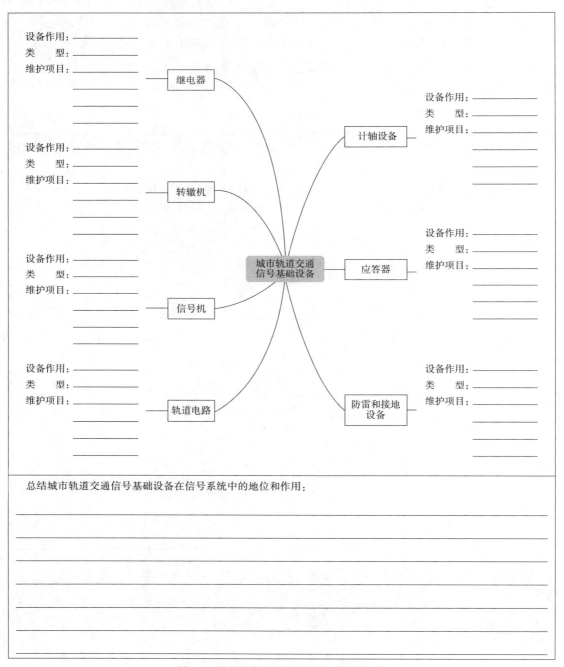

图 0-2　城市轨道交通信号基础设备组成框图

任务评价

班级：　　　　　　姓名：　　　　　　学号：　　　　　　指导教师：

考核项目	绘制城市轨道交通信号基础设备组成框图			
序号	评价标准	分值	自评得分（40%）	教师评分（60%）
1	操作风险分析到位，没有遗漏。	20		
2	操作风险对应的环境、设备、人员防范措施分析到位，填写齐全。	20		
3	城市轨道交通信号基础设备组成框图绘制完整，七类信号设备的作用、类型，以及每个设备的至少三项维护项目填写完整。	20		
4	用Visio等计算机软件绘制思维导图，并添加对应设备的实物照片。	20		
5	能够分析城市轨道交通信号基础设备在信号系统中的地位和作用，查找对应故障案例进行交流分享。	20		
合计		100		

任务总结

知识与技能自测

一、填空题

1. 传统的信号系统是_____、_____、_____的总称,由信号显示设备、转辙机、轨道电路及其他附属设备构成。

2. CBTC 的英文全称为_____。

3. ATC 系统包含_____、_____、_____和 CI 四个子系统。

二、多项选择题

1. 在进行信号基础设备维护工作时,可能遇到的操作风险包括(　　)。
   A. 低压电气操作　　　　　　　　B. 机械设备操作
   C. 搬运或提举物件操作　　　　　D. 危险化学品使用

2. 在进行低压电气设备维护操作时,个人防护措施可以包括(　　)。
   A. 操作期间佩戴绝缘手套
   B. 测试或量度带电设备时,不允许直接接触带电部分
   C. 设备必须关闭电源后才允许接入任何插头或更换零件
   D. 50V 的电压可以直接触摸

三、综合题

1. 常见的信号系统是哪种类型?简述城市轨道交通信号系统的作用。

2. 查阅资料:在城市轨道交通运营历史上,有哪些事故是由于信号基础设备故障引发的?造成了怎样的后果?

3. 查阅资料:总结信号系统设计的基本原则"故障-安全"的含义。

综合题记录区域

维护信号专用继电器

项目 1

城市轨道交通信号基础设备维护

项目要求

新的地铁线路投入使用，运营一线的信号维修技术员接到任务，要求完成信号设备集中站内使用中的所有类型的信号专用继电器的统计工作，并完成一批不同类型信号专用继电器的更换与维护工作。

项目说明

继电器的辨识和标准维护是城市轨道交通信号维修技术员的职业技能要求，同时也是信号职业技能比赛的重要赛点。要完成本项目中的任务，首先，需要收集继电器资料，了解继电器的作用；然后，统计本地铁线路中使用的不同类型信号继电器，根据图纸分析不同类型继电器在信号电路中的使用情况；最后，按照标准规范完成维护工作任务。

学习目标

知识目标

1. 掌握继电器的工作原理，认识不同类型的 AX 系列继电器。
2. 识别继电器在电路中的图形符号和含义，了解各类继电器电路的作用。
3. 理解继电器的日常维护项目和故障处置。

能力目标

1. 能通过外观来区分不同型号的信号继电器，识别其工作状态。
2. 能根据电路图，分析不同类型的继电器在电路中的使用情况。
3. 能够使用对应工具完成继电器的基础维护项目。
4. 能够根据异常现象，诊断与处理继电器的常见故障。

素质目标

1. 在维护过程中养成精检细修的职业习惯，严禁漏检漏修。
2. 应急抢修过程中维护乘客的利益，保证人民的生命财产安全。

工匠引领

继电器介绍

 建议学时

12 学时（每任务 4 学时）。

任务1.1 完成信号继电器资产盘点

接受任务

本任务中,信号维修技术员需要完成信号设备集中站和非集中站中的所有信号专用继电器的盘点工作,现场环境如图1-1所示。通过查找各类资料,辨识信号继电器的分类,区分不同类型的继电器,标准规范地完成继电器信息统计工作,为后续继电器的维护提供基础数据。因此,继电器的资产盘点工作,是开展继电器维护工作的基础,细致耐心的工作态度是信号维修技术员完成本任务所必需的职业精神。

图1-1 信号设备室继电器组合架

任务准备

● 准备工作1 收集继电器基本信息

步骤一:查找《继电器技术规格书》。

故障-安全原则是城市轨道交通信号设备必须遵循的原则,当系统任何部分发生故障时,应确保系统的输出导向安全状态。本地铁线路信号系统中使用的继电器即要求有此特性,从而实现信号系统的自动控制和远程控制。

按照工程建设要求,对继电器提出的要求如下:

其一,动作必须可靠、准确;

微课演示

信号继电器基本原理

其二,使用寿命长;

其三,有足够的闭合和断开电路的能力;

其四,有稳定的电气特性和时间特性;

其五,在周围介质温度和湿度变化很大的情况下,均能保持很高的电气绝缘强度。

步骤二:查找继电器原理图纸。

继电器是一种电磁开关,是实现自动控制和远程控制的重要设备。根据电磁原理,随着衔铁的动作,动接点与静接点接通或断开,从而实现对其他设备的控制。继电器类型很多,但均由电磁系统和接点系统两部分组成。继电器基本原理如图1-2所示。

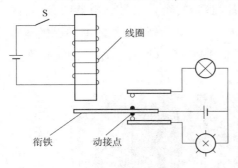

图1-2 继电器基本原理

图纸说明:当线圈中通入规定的电流后,根据电磁原理,线圈中产生磁性,衔铁被吸引;当线圈中没有电流时,衔铁失磁落下,衔铁上的接点称为动接点。随着衔铁的动作,动接点与静接点接通或断开,从而实现对其他设备的控制。

●准备工作2　分析继电器内外结构

步骤一:查找《继电器技术规格书》。

为实现故障-安全原则,本地铁线路信号系统中采用的是目前应用广泛的国产AX系列继电器。该继电器主要结构为不对称器件,在故障情况下使前接点闭合的概率远小于后接点闭合的概率。因此,在设计中用前接点代表危险侧信息,用后接点代表安全侧信息。

头脑风暴	依照《铁路信号故障-安全原则》(TB/T 2615—2018)第3.1.2条规定,当信号设备发生故障时,应以特殊的方式做出反应并导向安全,但安全性是一种概率参数,信号设备不可能具备排除了任何危险的绝对安全。举例说明信号基础设备,如信号机显示中,故障导向安全的设置原则。
学习笔记	

步骤二：查找信号继电器结构信息。

参考《铁路信号 AX 系列继电器》(GB/T 7417—2010)中对信号专业继电器结构的说明，信号安全型继电器的总体结构分为插入式和非插入式。两者的区别仅在于，插入式继电器带有透明性能很好的外罩，用以密封防尘，同时为了与插座配合使用，插入式继电器安装在酚醛塑料制成的胶木底座上。本地铁线路信号系统中采用的是插入式安全继电器。

步骤三：查找插入式继电器图纸文件。

其内外部结构说明如下。

（1）内部结构，如图 1-3 所示。

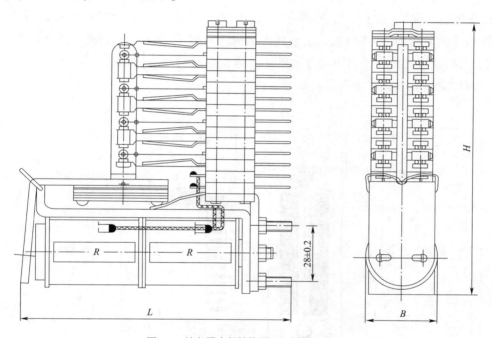

图 1-3　继电器内部结构图(尺寸单位：mm)

课堂讨论

观察图 1-3 继电器内部结构，通过"重力恒定"原理，找出继电器哪部分结构的不对称性，可以实现故障情况下前接点闭合的概率远小于后接点闭合的概率，实现故障-安全？

学习笔记

图纸说明：继电器内部结构包括电磁系统和接点系统。

电磁系统：由线圈、铁芯、轭铁和衔铁（气隙）组成。线圈水平安装在铁芯上，分为前圈和后圈。这两个线圈可以串联使用，也可以并联使用或单独使用。轭铁呈 L 形，由电工纯铁板冲压成形，外表镀多层铬防护。衔铁为角形，靠蝶形钢丝卡固在轭铁的刀刃上，动作灵活。在衔铁的传动部分铆上重锤片，以保证衔铁靠重力返回。重锤片的片数由接点组的数量决定。衔铁上有止片，安装在衔铁与铁芯闭合处，用以增加磁阻，减小剩磁的影响，保证继电器可靠落下。

接点系统：处于电磁系统上方，通过接点架和螺钉紧固在轭铁上，使两者成为一个整体。每个接点组包括前接点、中接点、后接点以及上下两个托片。直流无极继电器接点系统采用两排纵列式联动结构，接点组数只能呈偶数增减。例如，图 1-3 中的直流无极继电器共有 8 组接点，当衔铁通过拉杆带动中接点运动时，8 组接点同时动作。

（2）外部结构，如图 1-4 所示。

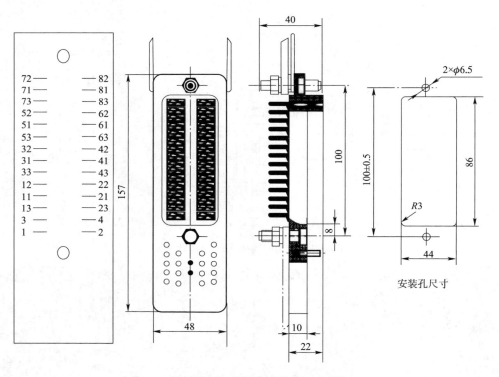

图 1-4　继电器外部（背面）结构图（尺寸单位：mm）

图纸说明：插入式安全型继电器背面需要装插座板。插座插孔旁标注的接点编号是直流无极继电器的接点编号，其他类型继电器的接点系统的位置及编号与之不同，使用时需参考有关资料对照使用。同时，为防止不同类型的继电器错误插接，在插座下部鉴别孔内铆有鉴别销。不同类型的继电器由型别盖上的不同鉴别孔进行区分，根据规定的鉴别孔逐个钻成，以与鉴别销相吻合。

细致观察	对照观察继电器内部、外部图纸,回答以下问题:继电器内部结构图纸中的前、后接点,在外部结构图纸中,其接点编号分别是什么?有什么规律?
学习笔记	

● 准备工作 3　整理不同类型的继电器信息

步骤一:查找本地铁线路工程图纸文件。

本地铁线路信号系统中,主要使用无极继电器、有极继电器、偏极继电器、加强接点继电器、整流继电器、交流二元继电器。

对照《AX 系列继电器产品说明书》,列表整理不同类型继电器信息,如表 1-1 所示。

微课演示

识别不同类型的继电器

整理不同类型的 AX 系列继电器信息　　　　　表 1-1

名称	特点	结构图	说明
无极继电器	无极继电器采用的电源是直流电源,无论什么极性,只要达到它的规定工作值,继电器就励磁吸起		继电器的动作与通入线圈的电流方向无关
有极继电器	有极继电器根据线圈中电流极性不同而具有定位和反位两种稳定状态,这两种稳定状态在线圈中电流消失后,仍能继续保持,故又称极性保持继电器	a) 由反位转换至定位的磁通方向 b) 由定位转换至反位的磁通方向	电磁系统中增加了永久磁钢,用一块端部呈刃形的长条形永久磁钢代替无极继电器的部分轭铁

续上表

名称	特点	结构图	说明
偏极继电器	偏极继电器是为了满足信号电路中鉴别电流极性的需要设计的。衔铁的吸起与线圈中电流的极性有关,只有通过规定方向的电流时,衔铁才吸起,而电流方向相反时,衔铁不动作	a) 衔铁吸合时的永磁及电磁磁路 b) 通以反极性电源时的永磁及电磁磁路	偏极继电器只有一种稳态,即衔铁靠电磁力吸起后,断电就落下,落下是稳定状态
加强接点继电器	加强接点继电器是为通断功率较大的信号电路而设计的。加强接点继电器中最常用的是磁吹弧,即在接点上加装一块永久磁钢,实现灭弧的功能		磁吹弧的方向根据左手定则确定。此时要求通过接点电流的方向,应符合吹弧方向
整流继电器	当继电器在交流电路使用时,需要在继电器的结构中加入整流部分电路。整流电路一般采用四个二极管组成的桥式整流电路	整流电路原理图:	在继电器的内部增加整流单元即可
交流二元继电器	只有在其局部线圈和轨道线圈中输入电流频率相同,且局部线圈中电流相位超前轨道线圈中电流相位90°时才动作		属于交流感应式继电器,具有两个既相互独立又相互作用的交变电磁系统

步骤二：进一步整理区分不同类型的 AX 系列继电器，查找补充信息。

（1）**无极继电器原理补充**：在线圈上加上直流电压后，线圈中的电流 I 使铁芯磁化，在铁芯内产生工作磁通 Φ，它由铁芯极靴处经过主工作气隙 δ 进入衔铁，又经过第二工作气隙 δ' 进入轭铁，然后回到铁芯，形成一闭合磁路。在工作气隙 δ 处，由于磁通 Φ 的作用，铁芯与衔铁间产生电磁吸引力 F_D，当 F_D 大到足以克服机械负载的阻力 F_j（主要是衔铁自重）时，衔铁即与铁芯吸合。此时衔铁通过拉杆带动动接点运动，使后接点断开，前接点闭合。

（2）**加强接点继电器原理补充**：磁吹弧的方向根据左手定则确定。查找左手定则说明：食指代表永久磁钢产生的磁通方向，中指代表接点中通过的电流方向，大拇指代表电磁力的方向。此时要求通过接点电流的方向，应符合使接点间电弧向外吹的原则。否则向内吹弧，非但不会熄灭电弧，还会造成接点的损伤。

（3）**整流继电器原理补充**：整流式继电器动作原理与无极继电器相同，但由于交流电源通过整流后动作继电器，在线圈上加上的是全波或半波的脉动直流电，其中存在交变成分，使电磁吸引力产生脉动，工作时发出响声，给继电器正常工作带来不利影响。

（4）**交流二元继电器原理补充**：交流二元继电器属于交流感应式继电器，具有两个既相互独立又相互作用的交变电磁系统，故称为二元继电器，有吸起和落下两种状态。根据不同频率，交流二元继电器分为 50Hz 和 25Hz 两种。交流二元继电器的特性包括：频率选择特性和相位选择特性。交流二元继电器一般应用于相敏轨道电路。

前沿技术	具有定时功能的自动开关——半导体时间继电器，其结构特点是在继电器中增加了由单结晶体管等组成的时间控制电路，能够实现对控制系统进行精准定时控制，可以满足更多不同信号电路的需要。 查一查，还有哪些新型继电器？ 动画演示 安全型继电器的识别
学习笔记	

任务实施

地铁信号维修技术员接到任务,完成某地铁站信号设备室中使用的所有 AX 系列继电器的资产盘点工作,要求按照其不同类型进行识别分类,形成规范的记录文件,为后续继电器的维护提供基础数据。

为了规范记录信息,首先查找《铁路信号 AX 系列继电器》(GB/T 7417—2010)规范要求,明确继电器的命名,记录需要按照继电器的文字符号含义进行,如表 1-2 所示。

继电器的文字符号含义(摘自 GB/T 7417—2010 表 1)　　　　表 1-2

序号	代号	含义	序号	代号	含义
1	A	安全	7	P	偏极
2	C	插入	8	Q	动合接点(前接点)
3	D	定位	9	W	无极
4	F	反位	10	X	信号、熄弧
5	H	缓放、缓动、动断接点(后接点)	11	Y	有极
6	J	继电器、加强接点	12	Z	整流

说明: 安全型继电器型号用汉语拼音字母和数字表示,字母表示继电器种类,数字表示线圈的电阻值,如图 1-5 所示。

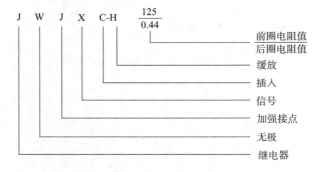

图 1-5　继电器型号含义

● 实施工作 1　统计信号继电器的类型

(1)对照继电器铭牌,标准记录每种继电器的名字,要求记录到每个字母的含义,完成表 1-3。

(2)检查信号设备室内的继电器组合架,按照继电器铭牌(图 1-6),统计所有继电器的类型,并在统计表 1-3 上进行记录。

某地铁站信号 AX 系列继电器统计表　　　　　　　　表 1-3

铭牌	类型记录	数量统计	组合架上使用位置记录
JWXC-1700	举例：继电器+无极+信号+插入+前后线圈电阻各 850Ω		轨道状态、站台门状态采集等
JWJXC-480			转辙机
JWXC-H340			信号机、轨道区段复位
JWJXC-H125/80			道岔启动
JZXC-H18			信号机控制
JYJXC-135/220			道岔启动
JPXC-1000			道岔表示

图 1-6　继电器铭牌

想一想	为什么需要设计出不同性能特征的安全型继电器？上述继电器在信号系统中可以用在哪些不同的位置？
学习笔记	

● 实施工作 2　明确继电器类型与型号的标准

为了区分不同类型的继电器，查找《铁路信号 AX 系列继电器》（GB/T 7417—2010），明确继电器类型与型号的标准，以无极继电器为例，如表 1-4 所示。

无极继电器的类型与型号　　　　　表1-4

序号	继电器名称	继电器型号	鉴别销号	接点组数	线圈连接	电源片连接方式 连接	电源片连接方式 使用
1	无极继电器	JWXC-1000	11,52	8QH	串联	2,3	1,4
2	无极继电器	JWXC-1700	11,51	8QH	串联	2,3	1,4
3	无极继电器	JWXC-2.3	11,54	4QH	串联	2,3	1,4
4	无极加强接点继电器	JWJXC-480	15,51	2QH 2QHJ	串联	2,3	1,4
5	无极缓动继电器	JWXC-H310	23,54	8QH	单圈	—	1,4
6	无极缓放继电器	JWXC-H340	12,52	8QH	串联	2,3	1,4
7	无极缓放继电器	JWXC-H600	12,51	8QH	串联	2,3	1,4

识读表1-4，JWJXC-480继电器的鉴别销号是_____，两个线圈的连接方式是_____，继电器共有_____组接点，包括_____组普通接点和_____组加强接点。JWXC-H340继电器的鉴别销号是_____，两个线圈的连接方式是_____，共有_____组接点。

● 实施工作3　辨识不同类型信号继电器

完成类型统计后，信号维修技术员需要按照统计出来的继电器类型进行备品备件的购买，以备维护更换使用，因此采购了一批不同类型的信号继电器。在采购来的继电器备件中，存在部分标牌缺失的情况。信号维修技术员需要通过观察继电器的外观和结构，区分记录不同继电器的名称，补充继电器铭牌，并进行备件资产的规范盘点和记录。

（1）辨识继电器结构，完成表1-5。

辨识继电器结构　　　　　表1-5

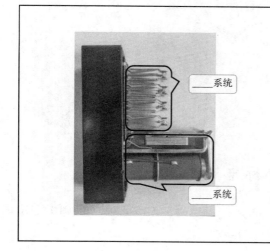
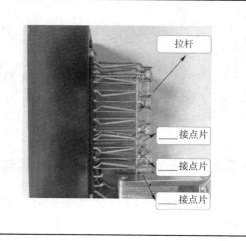

续上表

	识别继电器结构,把对应结构名称的编号标到左图对应位置： A. 衔铁　　B. 重锤片　　C. 轭铁 D. 铁芯　　E. 线圈

（2）仔细观察备件继电器的外观,识别不同信号继电器的类型,完成表1-6。

识别不同信号继电器的类型　　　　　　　　　　　　表1-6

是否有永久性磁铁：是□　否□（如有圈出位置） 重锤片数量：＿＿＿＿＿＿＿＿＿＿＿＿＿＿＿ 普通接点数量：＿＿＿＿＿＿＿＿＿＿＿＿＿＿ 加强接点数量：＿＿＿＿＿＿＿＿＿＿＿＿＿＿ 初步判断继电器类型为：＿＿＿＿＿＿＿＿＿＿	是否有永久性磁铁：是□　否□（如有圈出位置） 普通接点数量：＿＿＿＿＿＿＿＿＿＿＿＿＿＿ 加强接点数量：＿＿＿＿＿＿＿＿＿＿＿＿＿＿ 初步判断继电器类型为：＿＿＿＿＿＿＿＿＿＿

是否有永久性磁铁：是□　否□（如有圈出位置） 重锤片数量：＿＿＿＿＿＿＿＿＿＿＿＿＿＿＿ 普通接点数量：＿＿＿＿＿＿＿＿＿＿＿＿＿＿ 加强接点数量：＿＿＿＿＿＿＿＿＿＿＿＿＿＿ 初步判断继电器类型为：＿＿＿＿＿＿＿＿＿＿	是否有永久性磁铁：是□　否□（如有圈出位置） 重锤片数量：＿＿＿＿＿＿＿＿＿＿＿＿＿＿＿ 整流电路板位置：＿＿＿＿＿＿＿＿＿＿＿＿＿ 初步判断继电器类型为：＿＿＿＿＿＿＿＿＿＿

续上表

继电器特点说明：具有＿＿＿＿＿＿＿＿＿＿选择和＿＿＿＿＿＿＿＿＿＿选择的特性。

初步判断继电器类型为：＿＿＿＿＿＿＿＿＿＿

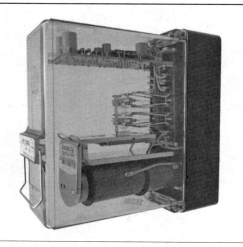

是否有永久性磁铁：是□ 否□（如有圈出位置）

重垂片数量：＿＿＿＿＿＿＿＿＿＿

时间控制电路板位置：＿＿＿＿＿＿＿＿＿＿

初步判断继电器类型为：＿＿＿＿＿＿＿＿＿＿

（3）判断以下两个继电器的状态，完成表1-7。

判断继电器的状态 表1-7

观察状态，中接点与前接点：闭合□ 断开□。

衔铁与铁芯：吸合□ 分开□。

继电器状态判断为：吸起□ 落下□

观察状态，中接点与前接点：闭合□ 断开□。

衔铁与铁芯：吸合□ 分开□。

继电器状态判断为：吸起□ 落下□

任务评价

班级：　　　　　　姓名：　　　　　　学号：　　　　　　指导教师：

考核项目	完成信号继电器资产盘点			
序号	评价标准	分值	自评得分（40%）	教师评分（60%）
1	能够对照继电器铭牌，正确记录7种以上继电器的名称。	20		
2	能够查标准《铁路信号 AX 系列继电器》（GB/T 7417—2010），正确识读两个以上继电器的接点组数等结构特征。	20		
3	能够辨识继电器内部结构，说出5项以上的继电器内部结构部件。	20		
4	能够认真观察继电器不同特征，正确识别4种以上的信号继电器。	20		
5	能够分析继电器的工作状态，正确判断继电器的吸起和落下两个状态。	20		
	合计	100		

任务总结

任务1.2 分析信号继电器使用情况

接受任务

完成信号继电器的资产盘点任务后,为进一步保证后续的继电器维护工作更有针对性,需对继电器在信号系统中的实际使用情况进行分析,明确继电器的电路功能和使用情况。

本任务中,信号维修技术员需要分析设计人员给出的电路图纸,识别继电器符号和电路,分析继电器的使用情况,思考继电器电路出现短路或断路故障后,在电路设计和使用方面如何让其导向安全侧。深度思考、对比分析是本任务中需要具备的职业能力。

任务准备

● 准备工作1 识读继电器图形符号

微课演示

信号继电器结构及原理

步骤一:查找继电器图纸中符号说明页对于继电器命名的说明。

信号系统中的继电器一般是根据其主要用途和功能来命名的。为了便于标记,继电器符号用汉语拼音字头表示。例如反映按钮动作的继电器称为按钮继电器,表示为 AJ;控制信号的继电器称为信号继电器,表示为 XJ。

步骤二:阅读图纸提示说明对于继电器定位的规定。

继电器有两个状态:吸起状态和落下状态。电路图中只能表达这两种状态中的一种,应有所规定。电路图中继电器呈现的状态称为通常状态(简称常态),或称为定位状态。在信号系统中遵循以下原则来规定定位状态:

(1)继电器的定位状态应与设备的定位状态相一致。信号设备平面布置图中所反映的设备状态均约定为设备的定位状态。例如,一般信号机以关闭为定位状态,道岔以开通为定位状态,轨道电路以空闲为定位状态。

(2)根据故障-安全原则,继电器的落下状态必须与设备的安全侧相一致。例如,信号继电器的落下应与信号关闭相一致,轨道继电器落下应与轨道电路占用相一致。

根据以上两条原则就可确定继电器的定位状态了。例如,信号继电器 XJ 落下与信号关闭相对应,规定 XJ 落下为定位状态;道岔定位表示继电器 DBJ 吸起与道岔处于定位相对应,规定 DBJ 吸起为定位状态;道岔反位表示继电器 FBJ 吸起应与道岔处于反位相对应,故规定 FBJ 落下为定位状态;轨道继电器 GJ 吸起与轨道电路空闲相对应,规定 GJ 吸起为定位状态。

步骤三:查找图纸中对常见信号继电器的符号及含义的规定。

为了能够读懂继电器电路图,需了解常见信号继电器的符号和含义。由于继电器的线圈一般属于电路中的控制部分，接点组一般处于电路中的执行部分，因此在绘制继电器图形时，需要对线圈和接点组分别进行绘制。

> **提示说明** 在一个控制系统中会用到许多继电器，同一作用和功能的继电器也不止一个，它们的名称必须有所区别。同一个继电器的线圈和接点必须用该继电器的名称符号来标记，以免互相混淆。同一个继电器的各接点组还需用其编号注明，以防重复使用。

步骤四：查找继电器的线圈和接点的主图。

1. 继电器线圈图

本地铁线路中使用的 AX 系列安全继电器，包含无极继电器、无极缓放继电器、无极加强继电器、有极继电器、有极加强继电器、偏极继电器、整流继电器、时间继电器、交流二元继电器等，其线圈符号如表1-8所示。

继电器线圈符号　　　　　　　　　　　　　　　　　　　表1-8

序号	符号	名称	说明
1		无极继电器	—
			两线圈分接
2		无极缓放继电器	—
3			单线圈缓放
4		无极加强继电器	—
5		有极继电器	—
6		有极加强继电器	—
	2　1　3　4		两线圈分接
7	1　4	偏极继电器	—
8	1　4	整流继电器	

续上表

序号	符号	名称	说明
9	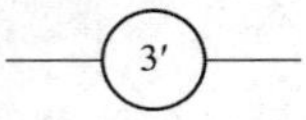 (3′)	时间继电器	—
10	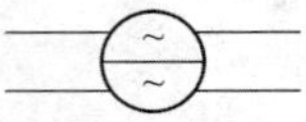 (∼/∼)	交流二元继电器	—

线圈画法说明：继电器线圈的表示应具备三要素，即线圈使用、继电器定位状态和继电器名称。继电器有两个线圈，前圈3、4和后圈1、2，其电源片有4个，电源片1和3为两组线圈的正极，电源片2和4为两组线圈的负极。对于两组线圈参数相同的继电器，可以将两组线圈串联使用（连接1-3电源片，使用1-4电源片），也可以两组线圈并联使用（电源片1-3连接，1-4连接，使用1-2或3-4电源片），当然也可以将两组线圈单独使用。

2. 继电器接点图

由于电路图中只能呈现出继电器的定位状态，而实际工作中继电器的状态是经常发生变化的，随着继电器状态的变化，接点接通位置也随之发生变化。继电器接点图形符号如表1-9所示。

继电器接点图形符号　　　　　　　　　　　　　　　　表1-9

序号	符号		名称
	标准图形	简化图形	
1	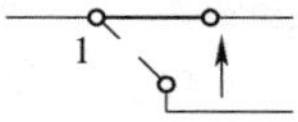 （标准图形：1 ↑）	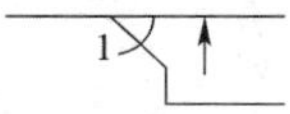 （简化图形：1）	前接点闭合，后接点断开
2	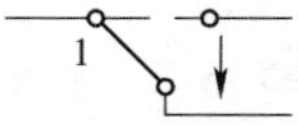 （标准图形：1 ↓）	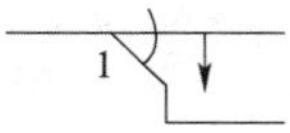 （简化图形：1）	前接点断开，后接点闭合
3	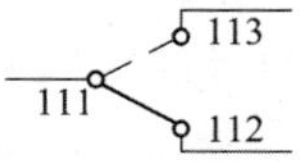 111─113/112	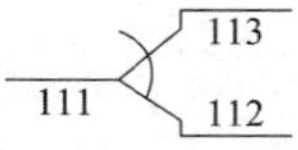 111─113/112	极性继电器接点组定位接点闭合、反位接点断开
4	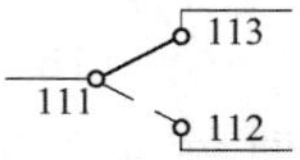 111─113/112	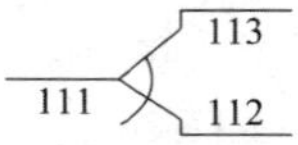 111─113/112	极性继电器接点组定位接点断开、反位接点闭合

接点画法说明：继电器接点的表示应具备三要素，即接点组数使用、继电器定位状态和继电器名称。在继电器的接点图中，需要注意以下两点：

（1）凡以吸起为定位状态的继电器，以"↑"符号标记；凡以落下为定位状态的继电器，以"↓"符号标记。吸起闭合的是前接点，落下闭合的是后接点。

（2）电路的连通状态用"———"标记，电路的断开状态用"— —"标记。

视野拓展

表1-9中,标准图形一列,其符号略为复杂,但能准确表达接点的状态,且不致因笔误而造成误解,所以工程图必须采用标准图形符号。简化图一列,用的接点符号比较简单,但稍有笔误即易造成误认,仅限于设计草图和教学中使用。

进行继电器电路分析时,需要知道继电器的中接点、前接点和后接点的位置。继电器的中接点很好辨识,就是标注使用接点组的位置,前接点和后接点的位置由继电器的定位状态确定。

步骤五:对照图纸画出继电器接点示意图。

接点表示方式说明:如图1-7所示,继电器的定位状态是吸起"↑",继电器吸起时中接点与前接点相通,与中接点连接的"——"为前接点"12",与中接点断开的"— —"为后接点"13"。

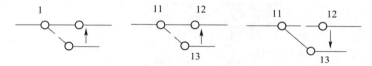

图1-7 继电器接点表示方式示意图

如果继电器的定位状态为落下"↓",则与中接点连接的"——"为后接点"13",与中接点断开的"— —"为前接点"12"。以此类推,只要给出定位状态,就可以根据是接通还是断开的连线推断出前接点和后接点的位置。

● 准备工作2　分析继电器在电路中的使用

按照工程图纸中继电器在电路中的应用情况,由易到难对继电器电路进行分析。查看继电器图纸,根据继电器接点在电路中的连接方式,继电器电路可分为串联、并联和串并联三种基本形式。常见的继电器电路还包括自闭电路和延时电路。下面就主要的电路开展分析。

步骤一:分析图纸中的串联、并联、串并联电路。

(1)**串联电路:**指继电器接点串联连接的电路,其功能是实现逻辑"与"的运算。如图1-8所示为继电器组成的串联电路。

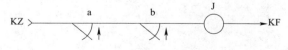

图1-8 串联电路

分析结果:图1-8中的a和b两个继电器的接点都吸起,才能让电路导通,即让控制正电(KZ)的电流流到控制负电(KF),使继电器J的线圈得电。

(2)**并联电路:**由几个继电器接点并联连接的电路称为并联电路,它的功能是实现逻辑

"或"运算。如图 1-9 所示为继电器组成的并联电路。

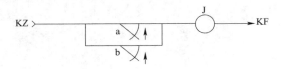

图 1-9　并联电路

分析结果：图 1-9 中的 a 和 b 两个继电器中的一个接点吸起，就能让电路导通，即让控制正电（KZ）的电流流到控制负电（KF），使继电器 J 的线圈得电。

（3）**串并联电路**：根据逻辑功能的要求，在电路中有些接点串联，有些是并联，这类电路称为串并联电路。继电器组成的串并联电路如图 1-10 所示。

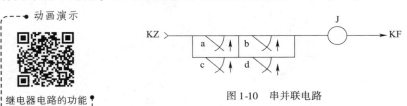

图 1-10　串并联电路

分析结果：图 1-10 中的 a 和 c 两个继电器中的任意一个接点吸起，再加上 b 和 d 两个继电器中的任意一个接点吸起，就能让电路导通，即让控制正电（KZ）的电流流到控制负电（KF），使继电器 J 的线圈得电。

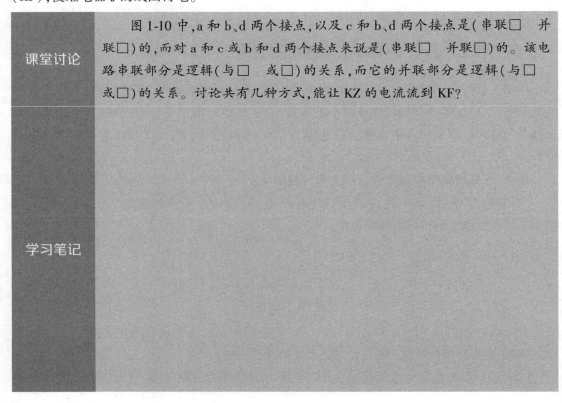

课堂讨论　图 1-10 中，a 和 b、d 两个接点，以及 c 和 b、d 两个接点是（串联□　并联□）的，而对 a 和 c 或 b 和 d 两个接点来说是（串联□　并联□）的。该电路串联部分是逻辑（与□　或□）的关系，而它的并联部分是逻辑（与□　或□）的关系。讨论共有几种方式，能让 KZ 的电流流到 KF？

学习笔记

步骤二：分析图纸中的自闭电路。

在继电器构成的控制系统中，通常需要将某一动作记录下来为以后的过程做准备，即构成自闭电路，如图 1-11 所示。

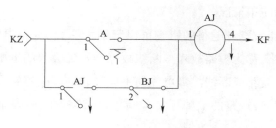

图 1-11　自闭电路

分析电路动作过程：

（1）按钮 A 按下，控制正电（KZ）可导通到控制负电（KF），继电器 AJ 线圈得电；

（2）BJ 为某条件继电器，当 BJ 落下，AJ 吸起，形成下面自保电路，即使按钮松开，上面电路断开，仍可维持 AJ 吸起，即控制正电（KZ）仍然可以导通到控制负电（KF）；

（3）当要切断控制正电（KZ）到控制负电（KF）的电路时，需要通过控制使 BJ 吸起，切断自保电路，AJ 落下。

在图 1-11 所示的电路中，当按下自复式按钮 A 后，继电器 AJ 经过励磁电路吸起；但松开按钮后，AJ 不落下。这条由自身前接点构成的电路称为自闭电路。有了自闭电路后，继电器就有了记忆功能。

课堂讨论	自闭电路中，当电路控制任务完成后，怎样才能让继电器接点复原？由哪个继电器控制？
学习笔记	

任务实施

以城市轨道交通信号系统中的实际继电器电路为例,信号维修技术员需要分析不同继电器电路的安全措施和使用情况。

实际工程中,继电器故障对电路的影响可以归纳为两大类:一类使电路开路,称为断线故障;另一类使电路短路,称为短路故障。断线故障会导致吸起的继电器错误落下或使应吸起的继电器不能吸起。短路或断线故障可能使不应吸起的继电器错误吸起或使已吸起的继电器不能及时落下。因此,短路的故障更加危险。这就需要培养安全意识,通过深度思考、对比分析,不同类型继电器的安全防护。

● 实施工作1 对比分析不同类型的断线防护电路

工程实际故障统计证明,电路的断线故障远远多于电路的短路故障。根据这一特点,继电器电路必须按闭合电路法设计,以达到故障-安全的目的。也就是说,当发生断路故障时,必须使继电器处于落下状态,即导向安全侧。请完成表1-10的对比分析。

断线防护电路设计对比分析　　　　表1-10

电路图
a) KF ← 4 (AJF) 3 —— AJ ——< KZ b) KF ← 4 (AJF) 3 —— R ——< KZ，AJ旁路

引导说明:
　　AJF 继电器是接点 AJ 的复示继电器。在无故障情况下,这两个电路是等效的。当发生断线故障时,两者的情况则不同。

分析图 a):
　　图 a)中继电器的接点与线圈是(串接☐ 并接☐)的,是直接控制电路。它是利用 AJ 的(前接点☐ 后接点☐)接在电路中。当电路发生断线故障时,控制正极 KZ 的电(能☐ 不能☐)导通到控制负极 KF;
　　通过以上分析,图 a)的电路是否符合故障-安全原则?（是☐ 否☐）

分析图 b):
　　图 b)中继电器的接点与线圈是(串接☐ 并接☐)的,是旁路控制电路。它是利用 AJ 的(前接点☐ 后接点☐)构成 AJF 线圈的旁路而使 AJF 落下。当电路发生断线故障时,控制正极 KZ 的电(能☐ 不能☐)导通到控制负极 KF;
　　通过以上分析,图 b)的电路是否符合故障-安全原则?（是☐ 否☐）

续上表

两者对比总结：
如果你是继电器电路设计工程师，为了避免断线故障造成严重后果，应该选以上哪种电路？

想一想	通过上网或查询其他工程实际案例，还有哪些继电器安全电路的设计可以避免断线故障引发的不安全后果？
学习笔记	

● 实施工作2　对比分析不同类型的短路防护电路

还有一类工程实际电路故障为短路故障。常见的短路故障是由于两根线缆绝缘损坏，在破损处形成混线，最终在绝缘损坏处形成短路故障。继电电路按闭合电路原理设计，在混线引起短路故障情况下就有可能使继电器错误吸起而导向危险侧。尽管短路故障远少于断线故障，也必须慎重地采取防护措施。实际上，要使电路的各点都进行混线防护是困难的。但室内环境较好，只要采取严格的施工工艺，电路极少发生短路故障。

通过不同位置的设计，进行短路故障电路防护，请完成表1-11。

短路故障电路防护设计对比——位置法　　表1-11

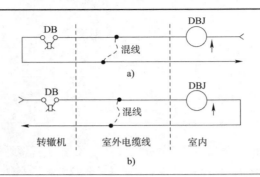

引导说明：

位置法也称远端供电法，是针对室外电路之间混线而采取的措施。上图中两电路的逻辑功能是等同的，但电路结构不同，在发生短路故障时的表现也不同。

分析图 a)：

图 a)的继电器和电源在电路的（同侧□　两侧□），发生混线故障时熔断器的状态为（熔断□　不熔断□），继电器线圈在（得电□　失电□）状态。

通过以上分析，图 a)电路中的熔断器在故障时（可以□　不可以□）起到保护电路的作用，是否符合故障-安全原则？（是□　否□）

分析图 b)：

图 b)中，继电器和电源在电路（同侧□　两侧□），发生混线故障时熔断器的状态为（熔断□　不熔断□），继电器线圈在（得电□　失电□）状态。

通过以上分析，图 b)电路中的熔断器在故障时（可以□　不可以□）起到保护电路的作用，是否符合故障-安全原则？（是□　否□）

两者对比总结：

_____
_____
_____
_____
_____

如果你是继电器电路设计工程师，为了避免混线故障造成严重后果，应该选以上哪种电路？

_____
_____
_____
_____
_____

另外，通过加入冗余的断路设计，也可以进行短路故障防护，请完成表1-12。

短路故障电路防护设计对比——双断法　　　　　　　　　　　　　　表 1-12

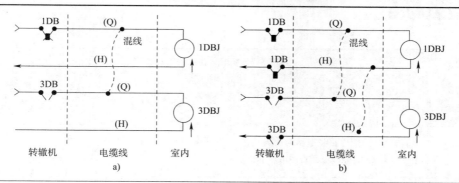

引导说明：
双断法是两个继电电路的线间混线的一种保护措施。上图中，道岔表示继电器 1DBJ 和 3DBJ 存在由于混线而错误地吸起的可能性，导向危险侧。
分析图 a)：
图 a)中，如 1DBJ 和 3DBJ 混线短路，熔断器在故障时(可以□　不可以□)起到保护电路的作用。混线短路中，继电器线圈为(得电□　失电□)状态。 通过以上分析，图 a)的电路是否符合故障-安全原则？（是□　否□）
分析图 b)：
图 b)中，是因为电源的两极同时被切断。在电路的 Q 线和 H 线上都接入同样的控制接点，来防止混线混电故障。混线短路中，熔断器在故障时(可以□　不可以□)起到保护电路的作用，继电器线圈为(得电□　失电□)状态。 通过以上分析，图 b)的电路是否符合故障-安全原则？（是□　否□）
两者对比总结：
如果你是继电器电路设计工程师，为了避免混线故障造成严重后果，应该选以上哪种电路？

头脑风暴	通过查询其他实际工程案例，还有哪些继电器安全电路的设计可以避免混线故障引发的不安全后果？
学习笔记	

任务评价

班级：　　　　　姓名：　　　　　学号：　　　　　指导教师：

考核项目	分析信号继电器使用情况			
序号	评价标准	分值	自评得分（40%）	教师评分（60%）
1	在课堂讨论中，能够主动沟通表达，复述串并联电路导通路径，能够说明自闭电路如何复原。	20		
2	能够正确辨识不同类型的断线防护电路，分析过程完整，记录填写齐全。	20		
3	能够使用位置法进行短路故障电路防护，分析过程完整，记录填写齐全。	20		
4	能够使用双断法进行短路故障电路防护，分析过程完整，记录填写齐全。	20		
5	能够主动查询其他继电器安全电路的设计，画出电路图，进行展示说明。	10		
6	能够主动查找新型继电器，以及维护继电器的新技术、新方法，进行展示说明。	10		
合计		100		

任务总结

任务1.3　实施 AX 系列继电器维护

▌接受任务

本任务主要完成城市轨道交通信号系统中使用的 AX 系列继电器的维护检修。如果不进行定期的预防性检修，继电器就有可能因性能老化而造成设备故障。继电器检修的目的就是要恢复继电器的电气、机械性能，保证其可靠、安全地工作。在城市轨道交通运营企业中，一线信号维修技术员负责进行现场继电器的更换，二线或三线信号维修技术员负责继电器的开盖维护。

▌任务准备

● 准备工作1　整理继电器历史故障

通过查看既有线的 AX 系列继电器维护记录，分析继电器的开盖检修故障数据，总结常见的故障，提前了解设备薄弱点，进行有针对性的维护。继电器在长期运用过程中，接点和线圈都会有不同程度的损伤。通过对历史故障数据的整理，归纳继电器在使用过程中的故障类型及处置方式。

软件演示

继电器拆装

1. 整理继电器电磁系统的历史故障和处理方式

历史故障类型记录：

线圈因受潮而绝缘降低，金属零件氧化、龟裂、变形等，引起机械与电气特性逐渐变化。线圈部分故障记录包括：

线圈断线：使用超声波清洗或在线圈上加过电压可能会导致线圈断线；

线圈供电不足：需确认线圈电压，如果给线圈供的电压低于动作电压会导致接点不动作；

线圈极性接反：内置二极管型继电器如果极性接反会导致接点不动作；

线圈交流、直流供电错误：交流线圈的继电器线圈上加直流电压，会导致线圈发热，可能造成烧损；直流线圈的继电器线圈上加交流电压，会导致可动铁片反复振动，不能正常工作；

线圈部分长时间通电，会导致继电器线圈发热、线圈绝缘恶化，出现继电器动作故障。

历史故障处理方式记录：

主要处理方式包括更换继电器；确认线圈电压，如果给线圈供的电压低于动作电压，接点不动作；按照正确的极性接线等。

2. 整理继电器接点系统的历史故障和处理方式

历史故障类型记录：

接点可动部分的磨耗是不可避免的。接点在动作过程中,受到电流的烧损,尤其是加强型接点继电器,在加强接点上通过大电压,在接点吸起和闭合过程中,不可避免地受到电流的灼烧。

历史故障处理方式记录:

接点粘连原因:连接的负载容量超过了继电器的接点容量;开关频率超过了继电器的额定开关频率,继电器的寿命到期。

接点粘连处理方法:选择接点容量大的继电器;选择开关频率大一点的继电器或者选择固态继电器;或者更换继电器。

接点接触不良原因:线圈部分的电压不稳定;接点表面附着异物(如电弧产生的黑色绝缘物质,纸片、木片、灰尘等物体);接点表面被腐蚀(如长时间不使用,接点表面氧化);有机械性接触不良(端子偏移,脱落);达到继电器的使用寿命;使用环境有振动或冲击。

接点接触不良对策:更换稳定电源供电;采取防尘措施或使用带密封的继电器;若有电弧产生,建议使用带灭弧装置的继电器产品;如果是继电器机械上的损坏或达到了寿命,应更换新的继电器。

3. 整理继电器机械部件的历史故障和处理方式

历史故障类型记录:

继电器螺钉松脱。

历史故障处理方式记录:

通过观察继电器就可以发现,若继电器发生歪斜,多为螺钉松脱或继电器插入深度不够,可能是在检修或清洁时误碰导致,较容易发生的是继电器的接点组推杆断裂产生卡阻,使电路中使用的接点不能正常接通或断开,导致继电器电路的下一步动作不能正常进行。观察到继电器推杆断裂时,应及时更换对应螺钉。

4. 总结维护继电器总体要求

需要根据各种继电器不同的运用状态、在信号电路中动作的频繁程度,以及长期的实践经验积累,周期性有计划地开展继电器的维护检修工作。在检修前应对继电器进行全面的电气性能测试,并把测试结果填入检修卡片上,作为考察继电器检修周期的原始根据。检修中必须做到细检细修,认真负责,使继电器完全恢复标准的电气、机械性能;检修后应进行严格的验收,以杜绝检修不良的漏洞发生。

> **工作提示**
>
> 严密的检修制度是保证继电器检修质量的重要方面。在检修所内进行继电器检修与调整,必须有合理的检修作业程序。合理的作业程序来自理论与实践的紧密结合。因此,不断总结继电器检修和调整中的实践经验,并上升到理论的高度予以分析,是提高检修质量的有效方法。

●准备工作2　完成继电器维护准备工作

步骤一：确定AX系列继电器的维护标准指标。

查阅《铁路信号 AX系列继电器》（GB/T 7417—2010），确定维护指标和工具。以JWXC-1700型继电器为例，需要确定以下几个主要维护指标，具体如下：

电气性能指标（+20℃时）：

线圈电阻：850(1±10%)Ω×2，线圈串联，连接2、3，使用1、4；

吸起值：不大于DC16.8V；

释放值：不小于DC3.4V；

接点电阻：不大于0.05Ω；

额定值：DC24V；

充磁值：DC67V；

反向工作值：不大于DC18.4V。

软件演示
继电器维护

机械性能指标：

接点组数：8QH；

鉴别销号码：11、51；

接点间隙：不小于1.3mm；

托片间隙：不小于0.35mm；

接点压力：动合接点不小于250mN；

动断接点：不小于150mN；

接点齐度误差：不大于0.20mm。

绝缘耐压指标：

在试验的标准大气条件下，继电器的绝缘电阻应不小于100MΩ。

在气压不低于86kPa条件下（相当于海拔1000m以下），继电器的绝缘耐压应能承受交流正弦波50Hz、2000V有效值电压，历时1min应无击穿闪络现象，重复试验时的电压应为原试验电压值的75%。

时间特征指标：

当线圈通电到衔铁动作，带动后接点断开、前接点接通，需要一定的时间。当线圈断电到衔铁动作，带动前接点断开、后接点接通，也需要一定的时间。即吸合需要时间，释放也需要时间。如JWXC-1000型继电器的吸合时间为0.10~0.15s，返回时间为0.01~0.02s。可见继电器都是缓动的，但其缓吸、缓放时间都非常短。在检修过程中，需要根据不同继电器的出厂性能要求，对继电器接点的吸合时间和返回时间进行测量和调整。继电器的时间动作特征如图1-12所示。

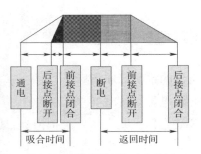

图 1-12 继电器的时间动作特征

视野拓展	继电器的使用寿命是由其结构的哪个部件决定的？ 在电路的动作过程中,动作最多的是继电器的接点。因此,继电器的寿命取决于接点的寿命,包括电气寿命和机械寿命。按规定,无极继电器普通接点寿命为 2×10^6 次,加强接点寿命为 2×10^5 次;有极继电器的加强定位、反位接点接通寿命为 1×10^5 次,断开寿命为 1×10^3 次,机械寿命为 1×10^6 次。
学习笔记	

步骤二：确定 AX 系列继电器的专用维护工具。

通过分析继电器的检修指标,发现在继电器检修的过程中,每台继电器需要测试的项目较多。本地铁线路中使用大量的继电器,如每项检修项目都通过信号维修技术员进行——测量的话,不仅难以确保检修质量,同时维护检修人员工作量巨大。

近年来,在进行继电器的检修过程中,为了简化流程,节约时间成本,提高检修质量,会配备专用继电器测试台进行检修。通过测试台的使用可以使继电器的维护效率和维护质量显著提升。

继电器测试台可以依照不同继电器的要求,进行不同的测试项目,测试指标包括：继电器的释放值、工作值、反向工作值、定位转极值、反位转极值、缓放时间、缓吸时间、接点齐度、接点电阻、线圈电阻、绝缘电阻、反向不工作值、临界定位及反位不转极值、脉冲宽度、脉冲间隔、转换时间、回路电压、线圈压降、动态特性等。常见的信号继电器智能测试台如图 1-13 所示。

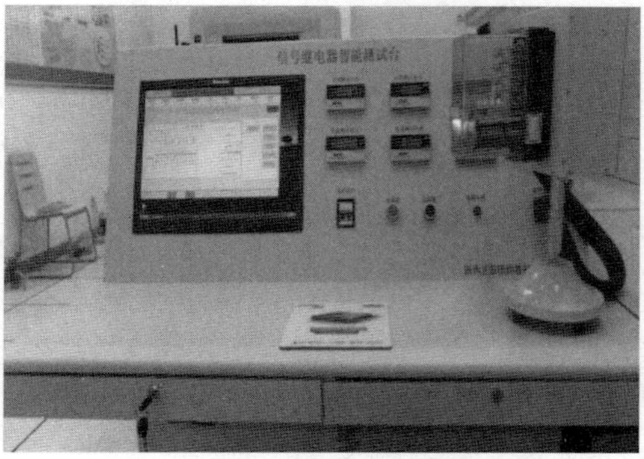

图 1-13　信号继电器智能测试台

步骤三：掌握专用维护工具的操作方法。

查看《信号继电器智能测试台说明书》，具体测试过程归纳如下：

（1）将测试台电源线接好后，按下"电源通"按钮，使测试台通电，如果测试台测试完毕需要断电，按下"电源断"按钮即可。

（2）选择被测试信号继电器的型号，将测试盒固定到测试盒座上，将被测继电器插在测试盒的继电器插座上，每次能测试一台继电器。

（3）将测试盒用航空插头连接线连接。

（4）打开电脑进入软件程序，选择测试继电器型号即可进行测试。可选的继电器类型可依照实际使用情况进行提前确定。

头脑风暴	继电器智能测试台的使用，可以有效提升维护效率和维护质量，测试时只要将继电器插入插座即可，完全由电脑操作，具有测试功能齐全、操作简单方便、测试精度高等特点，并可以完成插入式和非插入式继电器测试。查一查，还有哪些专用工具，可以用于继电器的维护？
学习笔记	

任务实施

根据检修内容,制定检修计划表,完成一批 AX 系列继电器替换和维护工作,并规范填写信号安全继电器检验记录表。

注意事项：AX 系列继电器属于精密器件,在维护过程中要秉承精检细修的工作态度,精益求精的工匠精神。认真阅读工作要求和相关规定,遵守劳动纪律,标准规范地完成维护任务,同时确保人身和财产安全。

● 实施工作 1　完成一线继电器更换工作

完成一线继电器更换,填写表 1-13。

一线继电器更换　　　　　　　　　表 1-13

1. 要点登记:先确认更换继电器时的影响范围,然后联系站务登记要点,写清起止时间、影响范围。断电后方可工作。
车站:_____　开始时间:_____　结束时间:_____　是否断电:是□　否□
2. 查看并记录组合架中要更换的继电器的位置、型号。继电器架的每一层即为一个组合。

需要更换的继电器型号从左到右依次记录如下:

(1)_____　　(2)_____　　(3)_____
(4)_____　　(5)_____　　(6)_____
(7)_____　　(8)_____　　(9)_____

3. 在备件继电器中找出同型号继电器,记录有效期等信息。

序号	型号	出厂日期	维护周期	工作电压	释放电压

续上表

4. 轻微左右晃动旧继电器,将其拔下,检查底座和继电器插接件状态是否良好,牢固插接待换继电器。

检查内容:

对正鉴别销及定位销,检查插槽是否对位准确:是□ 否□

检查继电器与底座之间是否有缝隙:是□ 否□

更换后的新继电器是否左右倾斜:是□ 否□

5. 功能试验:确认继电器所控制的信号基础设备功能正常;联系站务消记。

● 实施工作2 完成二线继电器维护工作

更换后的继电器送至二线维护部门,统一进行开盖维护项目。

(1)查阅企业标准文件,继电器的维护项目如表1-14所示。

二线继电器维护项目及内容说明　　　　表1-14

序号	项目	内容说明	图片参考
1	外部清扫检查	(1)清扫继电器外部灰尘及污物:用毛刷及麂皮清洁继电器外罩及底座,确保继电器表面无灰尘及污物。用麂皮擦拭继电器插片,插片应清洁明亮、无污渍。 (2)检查外罩及底座:信号安全继电器外罩及底座应明亮整洁、无破损、无变形,各部零件无缺失。	
2	入厂检查	(1)带有加强接点的信号安全继电器,需要定期进行入厂检查,首先用信号继电器测试台按照不同继电器的出厂测试指标进行检查。主要检查内容包括"继电器型号选择""电气性能"及"机械性能"等。	

续上表

序号	项目	内容说明	图片参考
2	入厂检查	（2）在进行入厂检查时若发现接点非正常氧化或接点有严重烧蚀变色等现象，如右图所示，则要确认该继电器是从哪个工区、哪个站返回的，以便对该站问题进行反馈，及时对相关线路进行检查。	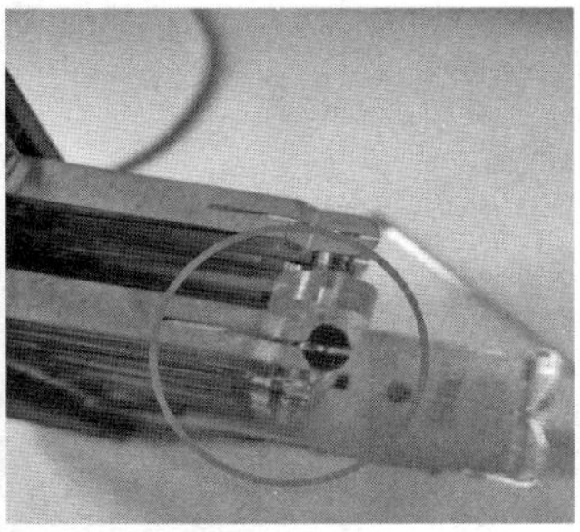
3	内部检查	（1）外罩启封：用启封钩勾出塑料封帽，卸下继电器外罩固定螺栓，打开继电器外罩。 （2）线圈系统检查：线圈架应无破损断裂，线圈引线及焊片应焊接牢固，无断股，焊片无裂纹，连接线圈的引线位置正确无误。 （3）磁路系统检查、接点系统检查、加强接点组检查要求参考《铁路信号 AX 系列继电器》（GB/T 7417—2010）。	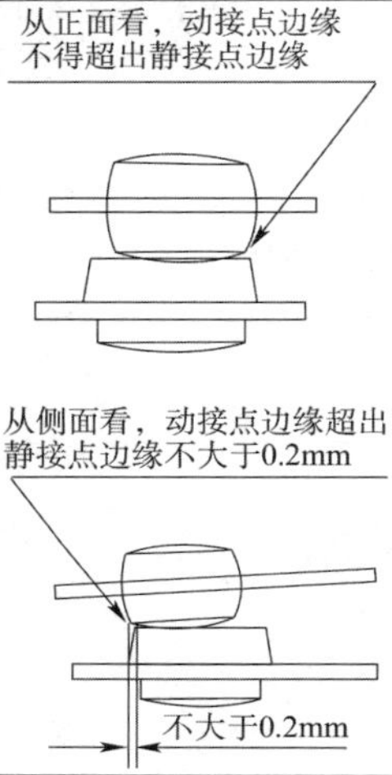 从正面看，动接点边缘不得超出静接点边缘 从侧面看，动接点边缘超出静接点边缘不大于0.2mm 不大于0.2mm
4	内部清洁	（1）采用专用工具擦去接点上的氧化物，再使用麂皮深度清洁。对于有烧蚀的接点，先用水砂纸适当打磨，再使用专用工具进行处理。 （2）打开信号继电器底座，清扫插片及底座灰尘，使插片光洁无污物，调整插片，使插片平直、排列均匀。 （3）紧固磁路系统与接点系统连接片底部的六角螺母，使整个磁路及接点组紧固。 （4）使用除尘装置清洁继电器内橡皮碎屑与灰尘。 （5）除尘后组装继电器底座，正确安装胶垫及型别盖。	
5	磁路与接点系统调整	（1）调整接点片与托片：将接点片与托片调整平直，保证无弯曲、无扭曲。触头两个小爪平行。 （2）调整前、后接点压力：使用测力计测量信号安全继电器前、后接点的接点压力，根据继电器的不同型号及接点类型，进行调整。 （3）调整前、后接点的共同行程：加强接点为 0.1～0.3mm，普通接点≥0.35mm。	

(2)进行风险分析和工具、物料等准备工作。根据以上内容,编制维护表格,梳理继电器维护表单,完成维护记录表,参见表1-15。

①预判维护工作中可能遇到的风险并提前防护。

示例　风险:触电　　防护措施:佩戴手套

风险1:_____　　防护措施:_____

风险2:_____　　防护措施:_____

②结合维护项目,梳理维护过程中需要的工具、物料、专用设备等。

工　　具:_____

物　　料:_____

专用设备:_____

AX 系列继电器维护记录表　　　　　　　　表 1-15

型号:　　　　　　　检查人员:　　　　　　　检查日期:

检查项目	序号	检验标准	使用工具	检验结果	处理意见
外观检查	1	外罩及底座完整、清洁、明亮、封闭良好。各部分无灰尘及污物。所有的可动部分和导电部分与外罩有 2mm 以上间隙。			
线圈系统	2	线圈牢固,铁芯无旷动,线圈封闭良好,无短路、断线、发霉等现象。线圈架无破损、断裂,线圈引出线及各部连线无断线、脱落、开焊、假焊及造成混线的可能,焊片无裂纹、破损。			
磁路系统	3	磁极清洁平整,上面无杂物。			
	4	衔铁动作灵活,不卡滞。吸合时,止片应紧贴极靴,衔铁应全部盖住极靴。			
	5	钢丝卡无影响衔铁正常活动的现象。			
	6	轭铁不松动,安装正直,镀层完好无裂纹,刀刃良好。			
	7	衔铁应无扭曲变形,角度应在91°~93.5°之间,镀层完好。止片不活动,外角无裂纹,拉轴无弯曲,无磨耗。			
接点系统	8	接点片及托片明亮,有光泽、无伤痕、硬弯、镀层良好,接点片平直,托片间隙符合要求。继电器处于定位状态时,反向托片应与普通静接点片接触。			
	9	静接点与动接点接触时静接点应位于动接点的中间,静接点距动接点应在1~1.2mm范围内。			

续上表

检查项目	序号	检验标准	使用工具	检验结果	处理意见
接点系统	10	拉杆平直,距衔铁槽口边缘应大于0.5mm,不前倾后仰,动接点轴不弯曲,绝缘轴无破损,与拉杆垂直灵活,无缝隙;隔弧板应位于拉杆中心,与熄弧磁钢的距离不小于1mm,最薄不小于0.7mm。			
	11	插片伸出底座不小于8mm,型别盖类型应正确。			
	12	同类接点应同时接触或同时断开,普通接点与普通接点间距相差不大于0.2mm,加强接点与加强接点间距应不大于0.1mm。			
	13	接点、防尘垫及底座、插片应光洁无污物,且插片平直,排列均匀。			
	14	手推或通电检查,衔铁应动作灵活,不卡滞。			
	15	接点压力、共同行程、接点间隙符合要求。			
测试台	16	应符合各项指标要求。			
加封	17	加封塞无破损、无漏加、无脱落。			
粘贴标签	18	字迹清晰,位置正确。			

填写说明:使用工具一列按照实际填写,所用计量器具需要写明编号,没有工具写无;检验结果正常的打√,不正常的打×,有数值的要填写实际测量数值,并填写处理意见一列。

(3)进行维护反思。

针对实际维护过程,梳理维护计划和维护内容,对其中的疏漏进行补充与完善。

填写要求说明:对继电器的维护情况进行总结,对不合格项目的产生情况进行分析,并提出预防措施的建议。所有维修测试数据均应进行妥善存储。

想一想	在维护表单上是否能出现"不合格"的字样?如经过各种方式的维护调整仍然有不合格项目,则该继电器还可以在设备上使用吗?该如何处置?
学习笔记	

任务评价

班级：　　　　姓名：　　　　学号：　　　　指导教师：

考核项目	实施 AX 系列继电器维护			
序号	评价标准	分值	自评得分（40%）	教师评分（60%）
1	在课堂讨论中，能够主动沟通表达，复述继电器维护的历史故障，能够完成继电器维护准备工作。	10		
2	能够完成一线继电器的更换工作，从主动沟通现场要点登记，到最后测试更换后的继电器工作。	20		
3	能够完整填写一线继电器更换文件和表格，准确记录继电器各项指标。	20		
4	能够完成二线继电器的维护工作，从主动沟通现场要点登记，到最后确认更换后的继电器的测试工作。	20		
5	能够完整填写二线 AX 系列继电器维护记录表，每项工作的使用工具、检验结果、处理意见记录准确。	20		
6	能够对本次任务进行总结与反思，完成维护反思，分享核心环节的维护方法，给出改善和优化意见。	10		
合计		100		

任务总结

项目拓展及演练

演练要求

以小组为单位完成以下任务：在以下地铁实际应急抢修故障案例记录中，画出处理过程中的关键环节，然后编写继电器故障应急抢修演练脚本。明确在应急抢修过程中每个职位的工作任务，小组内分角色进行演练，要求在规定时间内，按照应急抢修流程完成继电器设备的故障处置和修复工作。

职业准备

在应急抢修演练过程中，需要立足本职岗位工作，通过团队合作，第一时间修复故障。从实际的案例中，感受信号维修技术员的职业责任，始终践行人民至上、生命至上的铮铮誓言，具有爱岗敬业、不怕困难的职业品质。

一、故障应急抢修演练

1. 了解故障现象

运营期间，在信号系统基于通信的列车控制（Communication Based Train Control，CBTC）系统级别下，某换乘站发生车站上行站台门不间断的、全列无法打开的故障，导致乘客无法正常乘降。

2. 确认故障影响

此故障造成运营列车清客 1 列、掉线 1 列、到晚 2 列、最大晚点 4 分。

3. 组织现场故障处置（表 1-16）

现场故障处置　　　　　　　　　　　　　　　表 1-16

时间	事件
06:02	信号维修技术员在早间巡视时，发现电源屏报警：非集中站站台门电源 4 报警。
06:10	信号维修技术员联系工区主管工程师，工程师答复：立即赶赴现场，尽快检查与站台门相关的继电器，以及与防雷分线柜端子相关的配线是否紧固，有无虚接现象。
06:21	工区值守信号维修技术员接到故障报警中心通知：某换乘站发生车站上行站台门全列无法关闭的故障。答复：立即到场处理，并通知信号维修工程师。
06:45	信号维修工程师到达对应信号设备室支援故障排查。
06:48	电源屏出现"非集中站站台门电源 4 输出端"告警信息，信号维修工程师测量对应接口安全继电器：上行关门继电器（SMGJ）JWXC-1700 型继电器的线圈电压未见异常。
07:00	信号维修工程师组建故障处置工作队，到达综控室登记，随后同站台门专业维修技术员到达故障站站台门设备室，共同检查站台门与信号设备接口线缆是否紧固无松动。

时间	事件
08:00	多名信号维修技术员陆续到达信号设备室,信号维修工程师安排:防雷分线柜正面1人测量站台门专业回线电压;组合柜正面1人查看SMGJ继电器状态;组合柜背面1人测量SMGJ继电器线圈电压。
08:28	上行站台门全列无法关闭故障出现,信号维修技术员经过排查发现非集中站站台门电源4断路器输入端测量有电压,输出端无电压,初步判断为非集中站站台门电源4断路器故障。
08:31	为保证站台门正常工作,信号维修工程师使用备件断路器,更换站台门电源4断路器。
08:55	更换断路器后,通过列车自动监控(ATS)工作站观察站台门与车门是否正常联动开启。
00:50	信号维修工程师检查与站台门接口继电器,发现与站台门接口的SMGJ继电器外观有焦黑,信号维修技术员对该安全继电器进行更换。
02:30	站台门专业人员将线缆恢复后,信号维修技术员对站台门开关门进行多次测试,设备工作正常,观察设备室内对应的上行关门继电器(SMGJ)工作正常。
03:30	通信信号人员出清并注销登记,对应故障工单关闭并加强值守。

4. 编写应急抢修演练脚本

根据故障时序,编写应急抢修演练脚本,明确每个职位的工作内容,注意使用标准用语。

二、组织故障调查和后续跟进行动

1. 故障调查

故障期间,电源屏报警:非集中站站台门电源4输出断,且故障多次出现,几秒后自动恢复。电源处故障报警查询截图如图1-14所示。

图1-14　电源处故障报警截图

随后不久,出现上行站台全列站台门无法正常进行控制的故障报警。通信信号人员检查站台门接口安全继电器的状态。上行开门继电器采用JWXC-1700型安全继电器,信号维修技术员更换该故障继电器。

将替换后的故障继电器送至工厂,对故障继电器进行检修,电子维修技术员打开其外罩,观察对应接点,发现有的继电器接点明显烧糊,并伴有刺鼻气味,如图1-15所示。

图1-15　继电器接点烧糊图

2. 故障结论

信号维修工程师总结故障结论：

（1）电路电压波动，导致上行站台门关门继电器烧毁，即 JWXC-1700 型安全继电器接点炭化，造成电路电阻增大；

（2）控制站台门线路的电阻增大，导致站台门控制信息不连贯，随机导致站台门偶发性全列无法打开的情况，导致到站列车无法正常乘降作业。

3. 后续跟进行动

信号维修高级工程师布置后续跟进行动：

（1）继续排查对应链路中的其他线缆连接；对其他站的断路器、继电器进行整体排查，避免类似故障。

（2）密切观察是否有类似故障再次发生，如有发生立即上报，信号维修技术员加强重点站的值守。

（3）回顾继电器巡视检修程序，加强对继电器外观、气味、温度等方面的巡视和检查。

（4）在应急抢修预案方面，信号工区各班组人员共同学习故障抢修流程和排查方法，加强故障后的人员教育和培训工作。

（5）其他建议：

_____
_____
_____
_____

三、应急演练总结与复盘

演练人员的操作：迅速□　　迟缓□　　说明：_____

演练方案及程序：符合要求□　　有欠缺□　　说明：_____

演练相关设备运行情况：操作正常□　　操作不熟悉□　　说明：_____

演练中各角色的配合情况：流畅□　　有待改进□　　说明：_____

需改善的建议：

_____
_____
_____
_____
_____

知识与技能自测

一、判断题

1. 继电器串联电路能实现逻辑"或"的功能。（   ）
2. 安全型继电器是一种不对称器件，用前接点代表危险侧信息，用后接点代表安全侧信息。（   ）
3. 交流二元继电器一般应用于相敏轨道电路。（   ）

二、选择题

1. 通正向电流吸起并保持，通负向电流被打落的继电器，是（   ）。
   A. 有极继电器　　　B. 偏极继电器　　　C. 交流继电器　　　D. 整流继电器
2. 电源是直流电源，无论什么极性只要达到它的规定工作值，继电器就励磁吸起的是（   ）。
   A. 无极继电器　　　B. 偏极继电器　　　C. 交流继电器　　　D. 整流继电器
3. JWXC-1000 型继电器前后线圈阻值均为（   ）。
   A. 2000Ω　　　　　B. 1000Ω　　　　　C. 500Ω　　　　　　D. 250Ω

三、填空题

1. 交流二元继电器具有_____选择性和_____选择性。
2. 继电器由_____和_____两大主要部分组成。
3. 继电器检修的目的，是要恢复其继电器的_____、_____性能，保证其可靠、安全地工作。

四、综合题

1. 画出无极继电器、有极继电器、交流二元继电器的线圈图。
2. 简要整理自闭电路的作用。
3. 以表格的形式整理继电器日常维护和故障检修的内容和要求。

综合题记录区域

维护信号机

项目 2

城市轨道交通信号基础设备维护

项目要求

信号机属于城市轨道交通的轨旁基础设备。新的地铁线路投入使用，运营一线的信号维修技术员接到任务，要求完成所辖区域正线和车辆段内所有信号机的资产盘点工作，并完成信号机维护任务。

项目说明

信号机的标准维护是信号维修技术员的典型职业技能之一。完成该任务，首先，需要收集信号机资料，掌握信号机的作用和类型；然后，根据线路信号设备平面布置图和实地确认，标准规范地完成信号机资产盘点统计，准备好备件；最后，通过查阅资料，编制信号机维护指引，按照标准完成维护任务，确保无遗漏。

学习目标

知识目标

1. 识别各种信号机的显示，了解信号机的作用和结构。
2. 掌握正线、车辆段信号机的显示及设置规则。
3. 掌握信号机的日常维护项目，复述维护内容。

能力目标

1. 能够理解信号机的作用，识别正线、车辆段信号机的显示及设置需求。
2. 能够复述信号机的机械结构和电路结构，完成点灯电路故障点的判断。
3. 能够使用对应工具，按照标准完成信号机维护工作，并识别常见故障。

素质目标

1. 在全线信号机的盘点统计过程中，培养城市轨道交通人吃苦耐劳的劳动精神。
2. 检修过程中遇到疑难问题时，能够进行独立的深度思考。
3. 增强应急抢修过程中勇于担当的意识，最大程度地确保乘客的服务质量。

工匠引领

信号机介绍

 建议学时

8 学时（每任务 4 学时）。

任务 2.1　完成信号机资产盘点

接受任务

本任务中,信号维修技术员需要完成所辖线路正线和车辆段所有信号机的维护任务准备工作。现场图片如图 2-1 所示,通过查找图纸和技术规格书等资料,学习信号机的工作原理,熟悉不同地点信号机设置的作用,完成不同位置信号机的统计记录工作。信号机资产盘点工作需要很强的责任心,必须实事求是、不出假数,具备求真务实的职业素养。

a) 车辆段　　　　　　　　　　　　　　b) 正线

图 2-1　车辆段和正线的信号机

任务准备

• 准备工作 1　收集信号机基本信息

查阅《地铁信号系统设计说明书》,对信号显示的说明如下。

信号机是指挥行车、保证行车安全的重要信号基础设备。根据设计说明书,本地铁线路中信号机主要利用颜色特征、数目特征及闪光特征来显示。

信号机颜色的选择,应达到容易辨认、便于记忆和具有足够的显示距离等基本要求。本地铁线路中采用红、黄、绿三种颜色,再辅以蓝、白色,构成信号的基本显示系统,配合标准规范《铁路信号符号》(TB/T 1122—2019)中对应的信号机图形,总结信号机基本信息。

动画演示

信号机介绍

1. 总结信号灯的显示意义（表 2-1）

信号灯显示意义　　　　　　　　　表 2-1

序号	颜色	含义	图形标识	说明
1	红色	停车	●	列车必须在信号机前停车，不准越过该信号机，除非获得授权，否则不得前进。
2	绿色	前方进路空闲且锁闭，可以驶过该信号机	○	前方进路已排好且锁闭，列车在操作显示屏有目标速度提示或在行车调度员的许可下，可以驶过该信号机。
3	黄色	前方进路空闲并锁闭，道岔开通反位	⊘	列车注意或降低速度，列车在操作显示屏有目标速度提示或在行车调度员的许可下，可以驶过该信号机。
4	白色	调车进路时表示前方进路空闲并锁闭	◎	在车辆段、停车场内调车进路时，列车按规定速度可安全行至下一个信号机或指示标志。
5	蓝色	调车进路时表示停车	●	在车辆段、停车场内调车进路时，列车必须在信号机前停车，不准越过该信号机，除非获得授权，否则不得前进。

头脑风暴　　红灯+黄灯一同点亮，代表引导信号，表示准许列车在该信号机处继续运行，但需准备随时停车，仅对防护站台的信号机设引导信号。查一查，在地铁运营工作中，有哪些特殊的运营场景要开放引导信号灯？举例说明。

学习笔记

2. 总结信号灯显示基本要求

（1）信号机定位的要求：将信号机经常保持的显示状态作为信号机的定位。信号机定位的确定，一般是考虑保证行车安全、提高运输效率及信号显示自动化等因素。在城市轨道交通中,除采用自动闭塞时自动通过信号机显示绿灯为定位外,其他信号机一律以显示禁止信号(红灯或蓝灯)为定位。

(2)信号机关闭时机:除调车信号机外的其他信号机,当列车第一轮对越过该信号机后及时地自动关闭。调车信号机在调车车列全部越过后自动关闭。另外,部分城市轨道交通在基于通信的列车控制(CBTC)级别下运行时,采用全线灭灯的方式,以车载设备运行显示要求为准。

(3)视作停车信号:信号机的灯光熄灭、显示不明或显示不正确时,均视为停车信号。

3. 总结信号机灯光配列

城市轨道交通采用右侧行车制,其地面信号机应设在列车运行方向的右侧。遇条件限制应设于其他位置时(如受设备限界、其他建筑物或线路条件等影响),须经建设、运营主管部门批准后方可实施;侧式站台的出站信号机可设置在线路左侧。

色灯信号机的机构有单显示、二显示、三显示。单显示机构仅用于阻挡信号机。二显示和三显示可以单独使用,也可以组合(以及与单显示机构组合)构成各种信号显示。三显示信号机一般自上而下灯位为黄(或月白)、绿、红。

4. 总结信号机显示距离要求

在按地面信号显示行车时,信号机的显示距离应根据该信号机前方线路条件、列车性能等要素进行计算,确保司机瞭望到该信号机显示红灯时,控制列车以常用制动在该信号机前方停车。

本地铁线路中信号机的显示距离规定如下:

(1)行车信号和道岔防护信号,显示距离应不小于400m。

(2)调车信号和道岔状态表示器,显示距离应不小于200m。

(3)引导信号和道岔状态表示器以外的各种表示器,显示距离应不小于100m。

高柱信号机具有显示距离远、观察位置明确等优点。因此,车辆段的进段、出段信号机(以及停车场的进场、出场信号机)均采用高柱信号机。而其他信号机由于对显示距离要求不远,以及隧道内安装空间有限,一般采用矮型信号机。

> **视野拓展**
>
> 信号机设置不得侵入设备限界。设备限界是用于限制设备安装的控制线。隧道中限界的要求需要按《地铁设计规范》(GB 50157—2013)和《城市轨道交通工程项目规范》(GB 55033—2022)中的要求执行。

● 准备工作2　整理色灯信号机特点

查阅本地铁线路资料,明确本地铁线路中使用的全部色灯信号机。色灯信号机以其灯光的颜色、数目和亮灯状态来表示信号。色灯信号机包括透镜式色灯信号机和发光二极管(LED)色灯信号机。进一步分析两类色

信号机拆装

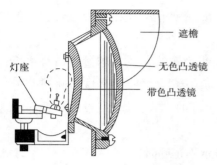

图 2-2 透镜式色灯信号机结构

灯信号机信息如下。

1. 查找透镜式色灯信号机信息

透镜式色灯信号机的每个灯位均由灯泡、灯座、透镜组、遮檐和背板等组成,如图 2-2 所示。

整理透镜式色灯信号机特点:

灯泡是色灯信号机的光源,灯座用来安放灯泡,采用定焦盘式灯座。在调整好透镜组焦点后固定灯座,更换灯泡时无须再调整,透镜组装在镜架框上,由两块带棱的凸透镜组成,里面是有色带棱外凸透镜,外面是无色带棱内凸透镜,遮檐用来防止阳光等光线直射时产生错误的幻影显示,背板是黑色的,可衬托信号灯光的亮度。

2. 查找 LED 色灯信号机信息

LED 色灯信号机采用 LED 发光盘取代信号灯泡,如图 2-3 所示。

整理 LED 色灯信号机特点:

可靠性高:发光盘是用上百只发光二极管和数十条支路并联工作的,在使用中即使个别发光二极管或支路发生故障也不会影响信号的正常显示,提高了信号显示的可靠性。

寿命长:发光二极管的寿命为信号灯泡的 100 倍,改用发光盘后可免除经常更换灯泡的麻烦,且有利于实现免维护。

图 2-3 LED 色灯信号机

节省能源:传统信号灯泡约为 25W,而发光盘的耗电量不到信号灯泡的 1/2。

聚焦稳定:发光盘的聚焦状态在产品设计与生产中已经确定,现场无须调整,给安装与使用带来方便,并能始终保持良好的聚焦状态。

光度性好:发光盘除有轴向主光束外,还有多条副光束,有利于增强主光束散角以及近光显示效果。

无冲击电流:点灯时没有类似信号灯泡冷丝状态的冲击电流,有利于延长供电装置的使用寿命,并减少对环境的电磁污染。

鉴于以上优点,本地铁线路全部采用 LED 色灯信号机。

技术应用

LED 色灯信号机质量大大减轻,便于施工安装,密封条件好,使用寿命长,其控制系统与现有点灯控制电路兼容,同时在 LED 驱动电路与二极管供电方式的设计方面取得突破。在目前城市轨道交通信号系统中,LED 色灯信号机已经基本取代了透镜式色灯信号机。

任务实施

地铁信号维修技术员接到任务,完成某地铁线路及车辆段所有 LED 色灯信号机的资产盘点工作,要求按照其不同类型进行识别、分类,形成规范的记录文件,为后续信号机的维护提供基础数据。

● 实施工作 1　统计信号机名称及数量

步骤一:查找资料,明确信号机型号命名含义,如图 2-4 所示。

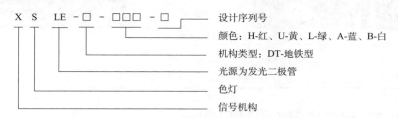

图 2-4　信号机命名含义

说明:常用的色灯信号机构的型号中字母的含义如表 2-2 所示。

常用的色灯信号机构的型号中字母的含义　　　　　　　　　　表 2-2

字母	含义	字母	含义	字母	含义
X	信号机构	L	绿色	F	复示、发车
S	色灯	B	白色	J	进路
G	高柱	A	蓝色	Y	引导
A	矮柱	U	黄色		
B	标志	H	红色		

步骤二:现场信号机照片如下图所示,请对照信号机命名含义,标准记录所辖线路的所有信号机类型和数量,完成统计表(表 2-3),形成规范的记录文件。

信号机类型和数量统计　　　　　　　　　　表 2-3

信号机型号:_____　　　　信号机型号:_____
位置:车辆段☐　　正线☐　　　　　　位置:车辆段☐　　正线☐
画出图形标识:_____　　　　　画出图形标识:_____

续上表

信号机型号：_____
画出图形标识：_____

信号机型号：_____
画出图形标识：_____

● 实施工作2　记录信号机位置和功能

步骤一：识读工程实际图纸(如附图3和附图4所示)中信号机的布置情况，找到对应信号机的图标，明确信号机的设置位置。

查找标准规范资料，在《地铁设计规范》(GB 50157—2013)中对信号机的设置要求为：

_____

_____

_____

_____

查阅本地铁线路资料，正线信号机的主要设置位置如下(见附图4)。

(1)出站信号机(出站C)：站台出站方向布置出站信号机，考虑到司机的瞭望距离，站台出站方向信号机布置应保证距离停车点不小于5m，不超过15m。

(2)道岔防护信号机(防护F)：根据列车运行方向，在道岔区域前方布置道岔防护信号机；在道岔岔尖计轴前3m处布置防护信号机。

(3)区间分割信号机(区间Q)：根据牵引计算结果，在站间列车追踪能力不满足需求的区间线路上，布置区间分割信号机。

(4)终端阻挡信号机(阻挡Z)：在正线线路尽头或折返进路终端设置阻挡信号机。尽头阻挡信号机为绿、红两灯位显示机构，绿灯永久封闭，红灯定位。

(5)进出段(场)信号机(进段JD、出段CD)：进场/段信号机采用高柱(高度根据车辆高度确定)黄、绿、红三灯位信号机构。

查阅本地铁线路资料，场段信号机的主要设置位置如下(见附图3)。

(1) 进库信号机（进库 JK）：进停车场/车辆段内第一个轨道区段边界处设置列车兼调车信号机。

(2) 出库信号机（出库 CK）：停车列检库前及洗车库前设置列车兼调车信号机，采用矮型黄、白、红三显示信号机。

(3) 调车信号机（调 D）：车场内其他地点根据需要设矮型调车信号机，段内调车信号机采用蓝、白两灯位信号机构。

步骤二：根据信号机位置记录其功能。

实地考察本地铁线路，共设置 23 个车站、1 个车辆段（20 车位）、1 个停车场（20 车位），对照工程图纸（如附图 3 和附图 4 所示），通过实地考察，辨识典型位置的信号机，记录其符号含义及对应功能，完成表 2-4。

典型位置的信号机记录　　　　　　　　　　　　表 2-4

（站台示意图，XC、JZ） 信号机功能：_____ 其中 X 代表：_____ C 代表：_____ 该类信号机的设置位置为：_____ 信号机型号：_____	（F、JZ 示意图） 信号机功能：_____ 其中 F 代表：_____ 该类信号机的设置位置为：_____ 信号机型号：_____
（XQ、XC、JZ17、JZ19 示意图） 信号机功能：_____ 其中 X 代表：_____ Q 代表：_____ 该类信号机的设置位置为：_____ 信号机型号：_____	（Z2 示意图） 信号机功能：_____ 其中 Z 代表：_____ 该类信号机的设置位置为：_____ 信号机型号：_____
（车辆段/正线 JD、CD 转换轨示意图） 信号机功能：_____ 其中 J 代表：_____ D 代表：_____ 该类信号机的设置位置为：_____ 信号机型号：_____	（D1 示意图） 信号机功能：_____ 其中 D 代表：_____ 该类信号机的设置位置为：_____ 信号机型号：_____

续上表

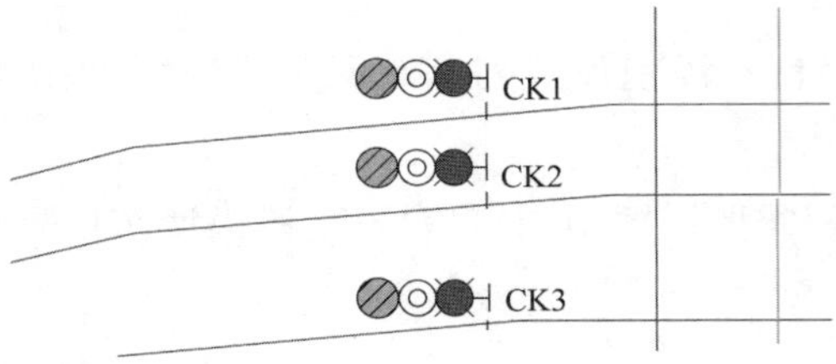 （CK1、CK2、CK3 示意图）	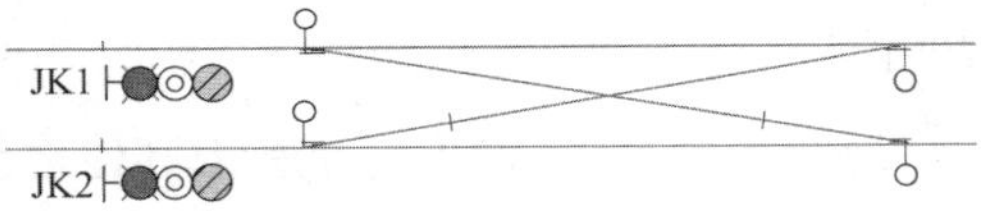 （JK1、JK2 示意图）
信号机功能：_____ 其中 C 代表：_____ K 代表：_____ 该类信号机的设置位置为：_____ 信号机型号：_____	信号机功能：_____ 其中 J 代表：_____ K 代表：_____ 该类信号机的设置位置为：_____ 信号机型号：_____

头脑风暴　　以小组为单位，讨论如果你是设计人员，线路上的信号机是设置得多一些好还是少一些好？为什么？

学习笔记

任务评价

班级：　　　　　姓名：　　　　　学号：　　　　　指导教师：

考核项目		完成信号机资产盘点		
序号	评价标准	分值	自评得分（40%）	教师评分（60%）
1	在课堂讨论中，能够主动沟通，分享引导信号的作用，以及各类信号的显示含义。	20		
2	能够标准记录所辖线路的所有信号机类型，完成统计表。	20		
3	能够准确查找标准规范资料的内容，完整记录，并复述解释三点以上对于信号机的设置要求。	20		
4	能够识读附图中的信号设备平面布置图，辨识典型位置的信号机，记录其符号含义和对应功能。	20		
5	能够从设计师的角度分析线路上的信号机设置问题，从线路整体的角度，全局布置信号机。	20		
	合计	100		

任务总结

任务2.2 实施现场信号机维护

■ 接受任务

本任务首先需要对信号机的机构和电路进行整体认知,了解正常工作状态下各个部件和电路的功能及实现方式,然后结合标准规范要求,制作信号机维护项目表格,完成常规和专项的维护内容。日常维护可以提高信号机的使用寿命及安全性,但是日常的维护工作重复性较大,须具备足够的耐心和细心,并不断挖掘维护要点,才能更好地完成此项任务。

■ 任务准备

• 准备工作1　梳理信号机维护要求

以本地铁线路中采用的 XSLE-DT-12B 型 LED 色灯信号机为例,梳理正常状态下信号机内外部主要部件和设计要求,如表2-5所示。

微课演示

信号机日常维护及故障检修

信号机主要部件和设计要求　　　　　　　表2-5

序号	名称	部件示意图	部件设计要求
1	机构		机构内外表面有黑色无光防护涂层,涂层表面要平整光洁、均匀,无气泡、裂纹、剥落和变色等缺陷,无漏涂的地方。 机构应能防水、防尘,并满足《外壳防护等级(IP代码)》(GB/T 4208—2017)要求,为IP53级。
2	光源板		信号机光源板是信号机的发光主体,通过光学聚焦原理由高亮度LED发光二极管阵列组成。 LED光源板最大的优点是不需要像老式信号灯泡一样进行调焦,减少了维护工作量。

续上表

序号	名称	部件示意图	部件设计要求
3	点灯变压器		点灯变压器安装在信号机构的后盖上。信号机接收由电源屏直接输出的AC110V电压,经由室外电缆到达信号机点灯变压器上,经降压后由点灯单元点亮LED。需要定期对变压器功能状态进行维护。
4	整流电阻板	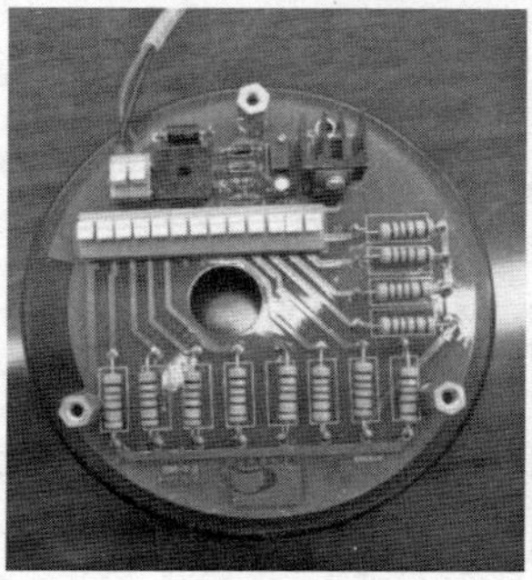	整流电阻板由限流电阻、整流电路、门限电路三部分组成。降低在电缆线路上的感应电压可能对LED信号光源产生的干扰。功能测试要求,只要电缆线路上的电压不高于门限值电压(AC60V),则门限处于关闭状态,相应的信号灯处于关闭状态。
5	故障报警仪	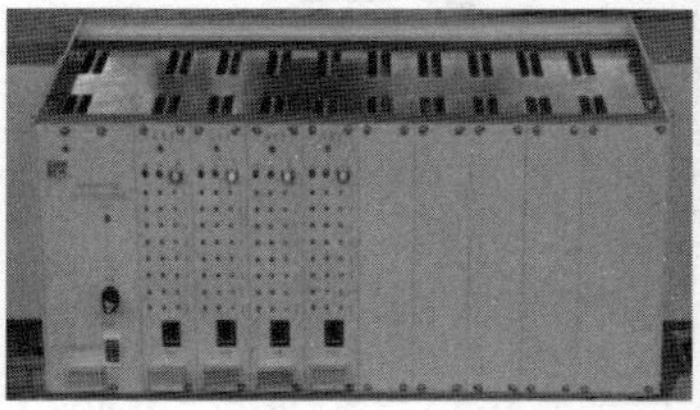	故障报警仪是与信号机配套的实现故障报警的设备,其功能为利用电流传感器采集信号机工作变化电流,与点灯电路完全隔离,不影响原点灯电路,符合故障-安全的原则。维修时可设定报警电流的上门限和下门限值,当对应信号机的电流超出门限值时给出报警,便于信号维修技术员第一时间进行故障处理。

● 准备工作2 梳理信号机电路的维护内容

以 XSLE-DT-12B 型 LED 色灯信号机为例,查阅信号机电路设计图,梳理正常工作状态下信号机的电路要求。

电路设计原则:

既要考虑断线保护,又要考虑混线防护。信号机点灯电路在断线故障要求灭灯时要使用信号显示降级功能,如绿灯或黄灯灭灯时要自动亮红灯,这样才能符合故障-安全的原则。为了实现这些要求,在点亮每一个信号机灯泡时均要串联一个灯丝继电器(DJ),用于监督灯泡的完整性。信号机点灯电路是故障-安全电路,所以对信号机点灯电路的要求是比较高的。

电路主图:

较为典型的城市轨道交通三显示信号点灯电路图如图2-5所示。

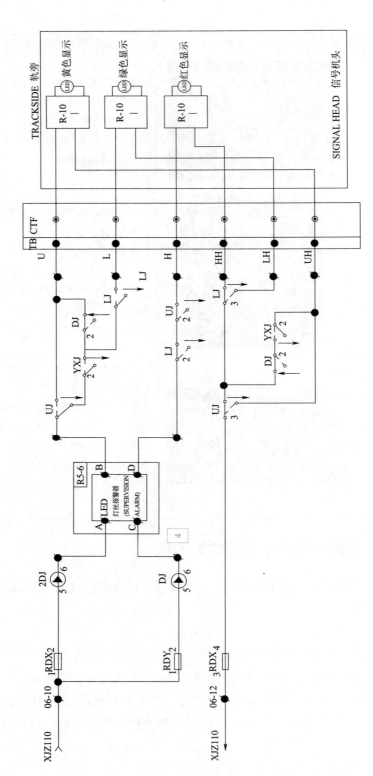

图2-5 三显示信号点灯电路图

总结电路作用：

电路包括室内和室外部分，在三显示信号机的控制电路中，联锁主机的控制命令传递给信号机，信号机电路按照控制命令，点亮不同信号机的灯位，包括红灯、黄灯、绿灯，以及红加黄的引导信号灯。

图纸符号说明如下：

UJ 为黄灯继电器、LJ 为绿灯继电器、YXJ 为引导信号继电器、DJ 为灯丝继电器。总结电路图中信号显示与继电器吸起关系如表 2-6 所示。

信号显示与继电器吸起关系表　　　　　　　　　　　表 2-6

信号显示	UJ	LJ	YXJ	DJ
黄灯	起	落	落	起
绿灯	落	起	落	起
红灯	落	落	落	起
引导(红+黄)	落	落	起	起
全部灭灯	落	落	落	落

图纸说明：

信号机点灯电路在断线故障要求灭灯时要使用信号显示降级功能，如绿灯或黄灯灭灯时要自动亮红灯，这样才能符合故障-安全的原则。为了实现这些要求，在点亮每一个信号机灯泡时均要串联一个灯丝继电器(DJ)，用于监督灯泡的完整性。当允许灯光灭灯时，灯丝继电器失磁落下，当红灯灭灯时，则使 DJ 也会自动落下，从而禁止开放信号。

课堂讨论

信号机点灯电路是用来控制信号机的显示状态、向司机发出行车命令的关键控制电路。各种信号的显示正确与否，直接关系到行车安全。请以小组为单位，讨论图 2-5 电路中每个继电器的动作情况。

学习笔记

任务实施

根据检修内容,制定检修计划表,完成一架信号机的维护工作。具体要求为,按照任务指导表格,结合《城市轨道交通运营设备维修管理规范》(DB11/T 1345—2016)或相关技术标准文件的规定完成维护内容,并规范填写信号机维护记录表。

软件演示

信号机维护

注意事项	信号机的维护工作大部分在夜间进行,会遇到很多非预期问题,针对不同的具体问题需要具体分析解决,遵守劳动纪律,遵守各类标准才能保障人员、设备安全,在规定时间内规范地完成维护任务。

● 实施工作1　完成信号机日常维护工作

步骤一:查阅《城市轨道交通运营设备维修管理规范》(DB11/T 1345—2016),其中对信号机的维护内容要求记录如下。

维护周期:_____

维护内容:_____

_____

_____

步骤二:接受任务指导表格(表2-7)。

任务指导表格　　　　　　　　　　　　　　　　　表2-7

序号	项目	内容说明	图片参考
1	信号机外部检查	(1)信号机机柱、托架检查,应安装牢固、无腐蚀、无晃动,信号机外观无异常。机柱四周地面平整,排水、培土良好,无杂草,无剥落;机构安装牢固、无裂纹,各部螺栓紧固,油漆无严重脱落,机构门严密。 (2)信号机机构外部检查:机构安装牢固、无裂纹,各部螺栓紧固,油漆无严重脱落,机构门严密。 (3)信号机遮檐、标牌、透镜检查:遮檐不松动,透镜不活动,无破损,清洁明净,无影响显示的斑点;在LED色灯信号机中,灯束如有断丝,会有明显暗影。	
2	信号机内部检查	(1)信号机内部应无漏水或雨水浸泡现象。 (2)灯箱盖两边的螺母应能锁紧;若发现螺母旋转不灵活,需添加润滑油或更换锁紧组件,避免灯箱盖未锁紧造成漏水。 (3)变压器无过热现象,接线端子紧固,配线整齐、无损。	

续上表

序号	项目	内容说明	图片参考
2	信号机内部检查	(4)内部光源检查或更换。要求暗点不小于30%。当信号机光源因发光二极管发生故障而发出维修报警，一般只需更换信号机构中的光源；如果点灯变压器也发生故障，需将变压器一起更换。	
3	信号机状态测试	(1)内部电压电流测试：用万用表测量信号机内部变压器的一、二次侧电压，一、二次侧电压符合变压器标牌的要求。	
		(2)信号机电流测试：需要用专用手持机在报警仪上检测每个灯位的工作电流并做好记录，信号机电流在正常范围内，当工作电流超出标准范围时要及时查出原因并排除。	

步骤三：完成日常维护项目。

(1)预判维护工作中可能遇到的风险并提前防护。

示例　风险1：触电　　　　防护措施：佩戴手套

风险2：＿＿＿＿＿＿　　　防护措施：＿＿＿＿＿＿＿＿＿＿＿＿＿＿＿

风险3：＿＿＿＿＿＿　　　防护措施：＿＿＿＿＿＿＿＿＿＿＿＿＿＿＿

(2)结合任务指导表格，梳理维护过程中需要的工具、物料、专用设备等。

工　　具：＿＿＿＿＿＿＿＿＿＿＿＿＿＿＿＿＿＿＿＿＿＿＿＿＿＿＿＿

物　　料：＿＿＿＿＿＿＿＿＿＿＿＿＿＿＿＿＿＿＿＿＿＿＿＿＿＿＿＿

专用设备：＿＿＿＿＿＿＿＿＿＿＿＿＿＿＿＿＿＿＿＿＿＿＿＿＿＿＿＿

(3)登记后到达工作现场，依照维护项目完成维护工作，完成表2-8中使用工具、检验结果和处理意见列的填写。

信号机维护记录表 表2-8

信号机名称：　　　　　信号维修技术员：　　　　维护日期：

工作内容		技术标准		使用工具	检验结果	处理意见
信号机外部检查	信号机机柱、托架检查	机柱、托架安装牢固、无腐蚀、无晃动，信号机外观无异常。				
	信号机机构外部检查	机柱四周地面平整，排水、培土良好，无杂草、无剥落。				
		机构安装牢固、无裂纹，各部螺栓紧固，油漆无严重脱落，机构门严密。				
	信号机遮檐、透镜检查	遮檐不松动，透镜不活动，无破损，清洁明净，无影响显示的斑点。				
	信号机前置镜片检查	镜片干净，不影响光线。	红灯			
			绿灯			
			黄灯			
	信号机标牌检查	信号机名称及代号清晰，标牌安装牢固，无松动及脱落现象。				
信号机内部检查	信号机内部检查	打开信号机机构的箱盖检查，信号机内部应无漏水或雨水浸泡现象，防止因漏水或雨水浸泡导致信号机元件损坏。				
	关闭灯箱盖	关闭灯箱盖时要注意信号机机构内的电缆、导线不能与光源上的电阻接触，防止因电阻发热造成电缆、导线损坏。				
	紧固螺母	锁紧灯箱盖两边的锁紧螺母，若发现螺母旋转不灵活，须添加润滑油或更换锁紧组件，避免灯箱盖未锁紧造成漏水。				
	光源检查或更换	对各光源进行点灯试验，确认各灯位显示正常，发光二极管故障数量不超过总数的30%。	红灯			
			绿灯			
			黄灯			
		进行点灯试验时，观察室内的信号机断丝报警仪，确认没有断丝报警。	红灯			
			绿灯			
			黄灯			
	部件、配线检查	变压器无过热现象，接线端子紧固，配线整齐、无损。				
信号机箱盒检查	信号机分线箱盒、配线检查	箱盒密封良好，配线整齐，接线端子接触牢固，线头不松动。				
	箱盒基础、外部保护管检查	箱盒基础牢固，螺栓紧固良好，箱盒与信号机柱连接的保护管紧固良好，无漏水。				

续上表

工作内容		技术标准		使用工具	检验结果	处理意见
状态测试	电压电流测试	变压器Ⅰ次电压(V)测量记录。	红/绿/黄灯			
		变压器Ⅱ次电压(V)测量记录。	红/绿/黄灯			
		工作电流(mA)测量记录。	红/绿/黄灯			

填写说明:使用工具一列按照实际填写,计量器具需要写明编号,没有工具写无;检验结果正常的打√,有数值的填写实际测量数值,不正常的打×,并填写处理意见一列。

● 实施工作2 完成信号机专项维护工作

步骤一:变压器专项维护(表2-9)。

变压器专项维护　　　　　　　　表2-9

在执行常规维护项目期间发现,用手持机在报警仪上检测某信号机红灯灯位工作电流偏低。此时在室外的人员需要调整信号机内部变压器上的电路对应灯位电压,进而使电流提升回标准范围。

信号机内变压器图如下,其中1~4为变压器的输入端子,5~12为输出端子。

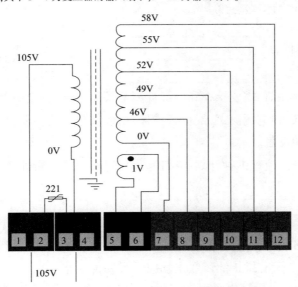

上图中变压器的输出可调电压范围为_____V到_____V;最小调整单位为_____V。观察当前变压器输出部分,使用5~9端子,同时封连6~7端子,则对应的额定电压为_____V,实测电压是49V;如需要将电流提升回标准范围,端子的调整方式为:_____

步骤二：灯位显示测试维护（表2-10）。

灯位显示测试维护　　　　　　　　　　　　　表2-10

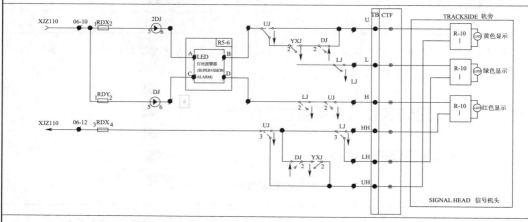

完成信号机的维护后，依次点亮红、绿、黄色灯位，测试灯位显示是否正常。在下列信号机的电路图中，用不同颜色标记笔，标出红、绿、黄色灯位的电流路径。

记录引导信号（红灯+黄灯）的电流路径为：
XJZ110—

步骤三：填写部件更换记录。

更换部件名称：
故障部件 S/N 号记录：
新部件 S/N 号记录：

说明：更换故障部件前，需要检查新旧部件型号是否一致，更换中保持新部件接触良好，更换后要进行点灯测试和电压测试，确保各指标、功能符合标准要求。

步骤四：进行维护反思。

针对实际维护过程，梳理维护计划和维护内容，对其中的疏漏进行补充与完善。

填写要求说明：对信号机的维护情况进行总结，对不合格项目的产生情况进行分析，并提出预防措施的建议。所有维护测试数据均应进行妥善存储。

头脑风暴　以小组为单位思考，当信号机点灯电路部分出现故障后，如何对照信号机的点灯电路图，使用万用表完成电路故障断路点或短路点的排查？

学习笔记

任务评价

班级：　　　　　姓名：　　　　　学号：　　　　　指导教师：

考核项目		实施现场信号机维护		
序号	评价标准	分值	自评得分（40%）	教师评分（60%）
1	能够分析信号点灯电路，分析点亮不同灯时，电路中每个继电器的动作情况。	10		
2	能够主动沟通表达，准确查找标准规范资料的内容，复述解释三点以上对于信号机的维护要求。	10		
3	能够按照维护内容，条理清晰地完成维护工作，没有漏检漏修项目，并准确填写信号机维护记录表。	20		
4	能够完成信号机变压器的专项维护，并说明变压器不同封连线的变压原理。	20		
5	能够准确分析电路图，准确用不同颜色标记笔，标出红、绿、黄色灯位的电流路径，作图整齐美观。	20		
6	能够对本次任务进行总结与反思，给出改善和优化意见。	10		
7	能够主动查找前沿科技，分享信号机维护工作中的新技术、新方法。	10		
	合计	100		

任务总结

项目拓展及演练

演练要求

以小组为单位完成以下任务:首先,了解地铁运营企业实际发生的信号机红灯光源不足故障;然后,对应编写信号机故障应急抢修演练脚本,明确在应急抢修过程中每个职位的工作任务;最后,分角色进行演练,需要在规定时间内,按照应急抢修流程完成信号机典型故障处置和修复工作。

职业准备

在信号机的应急抢修演练过程中,应具备沉着冷静的职业素养。大部分信号机的故障不会影响运营,因此在风险可控的情况下,需要将信号机的故障处理安排在运营结束后,这样才能更好地提高运营期间对乘客的服务质量。工作中需要做到细致判断、勇于担当,将全心全意为人民服务的宗旨落实到工作的细节之中。

一、故障应急抢修演练

动画演示

信号机红灯光源不足故障应急处置

1. 了解故障现象

在运营期间,司机反馈某站上行出站信号机红灯光源不足,重新开放后没有变化。

2. 确认故障影响

判断故障暂时不影响运营。

3. 组织现场故障处置(表2-11)

现场故障处置　　　　　　　　　　　　　表2-11

时间	事件
16:30	工区值班信号维修技术员接到故障报警中心报告,司机反馈××站上行出站信号机红灯光源不足。行车调度员对该信号机进行重新开放后,后车司机反馈没有好转。
16:35	信号维修工程师确认当前列车运营模式为CBTC级别,设备室值守信号维修技术员反馈联锁设备状态正常,无异常报警。
16:40	信号维修工程师回复故障报警中心,当前故障对运营没有影响,建议行车调度员继续行驶列车,司机按照车载设备的指示进行行车。
16:45	信号维修工程师根据故障现象初步判断为信号机LED光源故障,要求信号维修技术员准备好LED光源板和维修工具,做好应急抢修准备。
19:50	信号维修工程师申请夜间临时施工计划,在交接班过程中将该故障情况与接班的信号维修工程师进行交接。
00:30	夜班当值信号维修工程师按照临时计划,组织工作队到达故障的区间上行出站信号机处。
00:35	联系站务人员开放对应信号机红灯,发现信号机红灯状态下多个发光二极管损坏,判断为光源故障。

续上表

时间	事件
00：50	信号维修技术员使用信号机LED光源备件更换故障信号机的红灯光源。
01：00	信号机红灯光源更换完毕,信号维修技术员联系车站人员开放信号机绿灯,显示正常。
01：10	信号维修工程师联系设备室内的信号维修技术员,要求测试对应信号机红灯电流,答复符合标准范围。
01：30	信号维修工程师进行施工作业面的销记,在相应的工单上记录故障修复完毕。

4．编写应急抢修演练脚本

根据故障时序,编写应急抢修演练脚本,明确每个职位的工作内容,注意使用标准用语。

_____

_____

二、组织故障调查和后续跟进行动

1．故障调查

信号人员在进行信号机故障检查时,现场红灯状态下多个灯珠不亮,需更换光源,如图2-6所示,为更换前状态,可看出红灯光源损坏较多,已超过总光束的30%。

更换红灯光源后,经过测试调整后,红灯工作电流符合标准且显示正常。

图2-6　故障信号机红灯显示

2．故障结论

信号维修工程师总结故障结论:设备老化造成的部件故障。

3．后续跟进行动

信号维修高级工程师布置后续跟进行动:

(1)更换故障信号机红灯光源。

(2)调整信号机变压器,使得红灯工作电流符合要求。

(3)制订专项排查计划,对其他同样条件的信号机的LED光源板进行统一排查。

(4)其他建议:_____

三、应急演练总结与复盘

演练人员的操作:迅速□　　迟缓□　　说明:_____

演练方案及程序:符合要求□　　有欠缺□　　说明:_____

演练相关设备运行情况:操作正常□　　操作不熟悉□　　说明:_____

演练中各角色的配合情况:流畅□　　有待改进□　　说明:_____

需改善的建议:_____

_____

知识与技能自测

一、判断题

1. 防护信号机自上而下的灯位为黄绿红。（　　）
2. 行车信号和道岔防护信号,显示距离应不小于200m。（　　）
3. 信号机维护时,需要对各光源进行点灯试验,确认各灯位显示正常,发光二极管故障数量不超过总数的50%。（　　）

二、选择题

1. 前方进路空闲并锁闭,道岔开通反位,信号机应点亮(　　)。
   A. 绿灯　　　　　　B. 黄灯　　　　　　C. 红灯　　　　　　D. 红灯+黄灯
2. 引导信号时,信号机点亮(　　)。
   A. 绿灯　　　　　　B. 黄灯　　　　　　C. 红灯　　　　　　D. 红灯+黄灯

三、填空题

1. 绿灯继电器的缩写为_____,黄灯继电器的缩写为_____。
2. 色灯信号机包括_____色灯信号机和_____色灯信号机。
3. 进行内部检查时,变压器应无_____,接线端子_____,配线_____。

四、综合题

1. 简述信号机有哪些颜色的灯位?在城市轨道交通正线和车辆段中,不同颜色的灯位有什么含义?
2. 在城市轨道交通线路中,信号机设置在什么位置?具有什么功能?
3. 进站、出站、防护、阻挡、区间、调车等信号机是如何命名的?

综合题记录区域

维护转辙机

项目 3

城市轨道交通信号基础设备维护

项目要求

转辙机属于城市轨道交通的轨旁信号基础设备,其状态直接影响运营安全。新的地铁线路中,信号维修技术员接到任务,要求完成正线和车辆段所有转辙机的资产盘点和类型统计工作,然后完成线路所辖所有类型转辙机的标准维护工作。

项目说明

转辙机的标准维护是城市轨道交通信号维修技术员的最基本和最重要的职业技能,同时也是信号职业技能比赛的重要赛点。完成该任务,首先,需要统计本地铁线路所使用转辙机的类型;然后,收集所用型号转辙机的技术资料,了解其电路原理、机械结构,准备好维护备件;最后,针对不同类型转辙机的使用情况,按照标准规范梳理维护项目,依照工作条目标准完成维护工作。

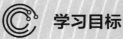 **学习目标**

知识目标

1. 掌握常见转辙机分类和特点。
2. 掌握 ZD6、ZD(J)9、S700K 等转辙机的机械结构和电路结构。
3. 掌握不同类型转辙机的日常维护和调整知识,复述维护的内容。

能力目标

1. 能够根据外观和内部结构辨识不同类型转辙机。
2. 能复述 ZD6 转辙机、ZD(J)9 转辙机等动作传递原理、动作电路、表示电路等。
3. 能够使用对应工具,完成转辙机的日常维护工作,完成转辙机常见的机械故障和电气故障维护。

素质目标

1. 提升故障诊断逻辑思维,准确判断故障点的区域,最大化地降低故障影响。
2. 树立牢固的风险控制意识、责任意识、奉献意识和历史使命感。
3. 培养团队抗压能力、沟通能力、高效合作解决问题能力。

工匠引领
转辙机介绍

 建议学时

16 学时(每任务 4 学时)。

任务 3.1 完成转辙机资产盘点

接受任务

本任务中信号维修技术员需要完成所辖线路中不同型号转辙机(图 3-1)的资产盘点工作。通过查找图纸和技术规格书等资料,对比不同型号转辙机内部部件和元件,辨识不同类型转辙机的结构部件和传动方式。通过分析不同线路位置设置的转辙机发生故障后产生的影响,提前做好运营风险预判,对于可能影响运营线路的无冗余单点故障,提前编制故障应急预案,用扎实的专业知识与技能做好运营保障。

图 3-1 不同型号转辙机

任务准备

● 准备工作 1 总结转辙机的基本信息

步骤一:查找转辙机的作用和要求。

查找《转辙机技术规格书》信息。城市轨道交通系统中大部分采用电动转辙机,包括交流电动转辙机和直流电动转辙机。转辙机是转辙装置的核心和主体,除转辙机本身外,还包括外锁闭装置和各类杆件、安装装置,它们共同完成道岔的转换和锁闭。转辙机的传动机构,是将电动机的高速旋转变换成动作杆的低速直线运动,再由动作杆带动道岔尖轨运动。依据文件,总结转辙机作用和要求对照表如表 3-1 所示。

转辙机作用和要求对照表 表 3-1

序号	作用	要求
1	道岔位置转换,根据需要转换至定位或反位。	作为转换装置,应具有足够大的拉力,以带动尖轨做直线往返运动。

续上表

序号	作用	要求
2	道岔转至所需位置而且密贴后，实现锁闭，防止外力转换道岔。	当尖轨和基本轨不密贴时，不应进行锁闭；一旦锁闭，应保证不致因车通过道岔时的振动而错误解锁。
3	正确地反映道岔的实际位置，尖轨密贴于基本轨后，给出相应的表示。	作为监督装置，应能正确地反映道岔的状态，即定位、反位的表示。
4	道岔被挤或因故处于"四开"（指尖轨不靠近两边基本轨的情况）位置时，及时给出报警。	道岔被挤后，出现两侧尖轨均不密贴的情况时，在未修复前不应再使道岔转换。

步骤二：查找常见转辙机的类型。

依据文件，梳理转辙机分类对照表如表 3-2 所示。

转辙机分类对照表　　　　　　　　表 3-2

划分依据	类型	典型型号	说明	示意图
使用能源和传动方式	电动转辙机	ZD6、S700K	机械传动	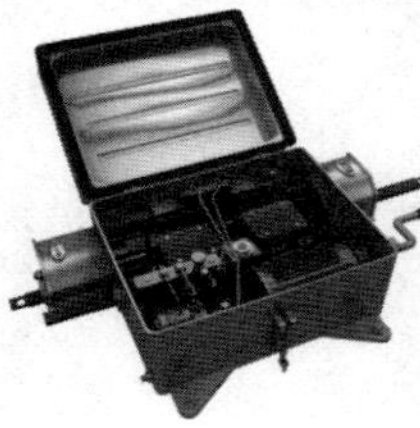
	电液转辙机	ZYJ7（右图）	电动机提供动力，采用液力传动	
供电电源	直流转辙机	ZD6 系列（右图）	直流 220V 电源供电	
	交流转辙机	ZD(J)9 系列	单相或三相电源供电	
锁闭道岔的方式	内锁闭转辙机	大部分 ZD6 系列	间接锁闭方式	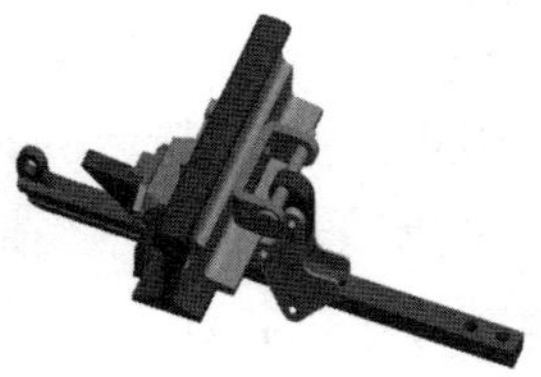
	外锁闭转辙机	无特定型号	直接锁闭方式（右图）	
是否可挤	可挤型转辙机	无特定型号	内设挤岔保护装置（挤脱器如右图）	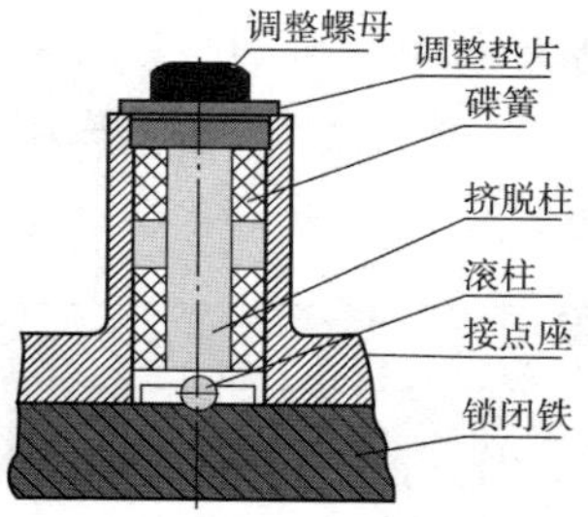
	不可挤型转辙机	无特定型号	不设置挤岔保护装置	

续上表

划分依据	类型	典型型号	说明	示意图
牵引台数	单机牵引	无特定型号	一台转辙机控制	
	多机牵引	无特定型号	多台转辙机联合控制（如右图）	

课堂讨论　以小组为单位讨论不同类型转辙机的优点和缺点。如果你是地铁设计人员，在地铁线路中推荐使用哪种类型转辙机？为什么？

学习笔记

步骤三：查找转辙机的现场安装要求。

查找转辙机安装图纸信息如下。根据现场安装需要判定是左侧安装还是右侧安装，调整动作杆与表示杆的伸出方向。面向岔芯，观察转辙机，安装在直股右侧为右装，安装在左侧为左装，如图3-2所示。

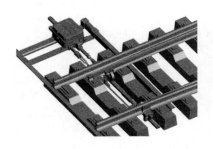 

a) 安装在左侧，角钢安装方式　　　　b) 安装在右侧，托板安装方式

图3-2　转辙机的安装位置

转辙机的安装方式一般是角钢安装。如果在现场要进行安装方向的变更，可进行调整。现场的转辙机安装装置如图3-3所示。

图 3-3 转辙机安装装置

视野拓展 一般情况下,转辙机的出厂默认为左装。现场安装条件不满足时,需要调整为右装,此时只需把对应的动作杆与表示杆的伸出方向进行调整即可。

● 准备工作 2　整理本地铁线路使用的转辙机信息

本地铁线路列车为 8A 编组,正线临时渡线上采用 9 号道岔,折返点采用 12 号道岔,使用 ZD(J)9 转辙机双机牵引。车辆段和停车场采用 7 号道岔,使用 ZD6 转辙机单机牵引。

图 3-4　ZD6 转辙机整体结构

同时,培训部购买了两台 S700K 转辙机。因此,需要重点收集 ZD6 转辙机、ZD(J)9 转辙机、S700K 转辙机信息。

步骤一:收集 ZD6 转辙机信息。

查找转辙机厂家提供的《ZD6 转辙机产品说明书》,信息如下。本地铁线路中 ZD6 转辙机主要用于停车场和车辆段。ZD6 转辙机整体结构如图 3-4 所示。

说明书中,对 ZD6 转辙机编号中的含义说明如图 3-5 所示。

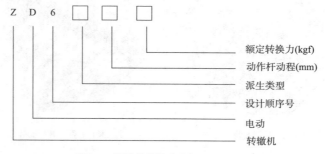

图 3-5　转辙机编号含义(1kgf = 9.8N)

说明书中,ZD6 系列转辙机型号及参数如表 3-3 所示。本地铁线路采用的是 ZD6-D 165/350 型号转辙机。

ZD6 系列转辙机型号及参数　　　　　　　　　　　　　　　表 3-3

型号	额定电压 DC(V)	额定转换力 N(kgf)	动作杆动程 (mm)	表示杆动程 (mm)	转换时间 (s)	工作电流 (A)	动作杆主副销抗挤切力(N)	挤岔与锁闭方式
ZD6-A 165/250	160	2450(250)	165±2	135~185	≤3.8	≤2.0	29420±1961 29420±1961	单锁闭
ZD6-D 165/350	160	3430(350)	165±2	135~185	≤5.5	≤2.0	29420±1961 29420±1961	双锁闭
ZD6-E 190/600	160	5880(600)	190±2	140~190	≤9	≤2.0	49033±3266 副销≥88254	双锁闭 不可挤
ZD6-F 130/450	160	4410(450)	130±2	80~130	≤6.5	≤2.0	29420±1961 49033±3266	双锁闭
ZD6-G 165/600	160	5880(600)	165±2	135~185	≤9	≤2.0	29420±1961 49033±3266	双锁闭

步骤二：收集 ZD(J)9 转辙机信息。

查找转辙机厂家提供的《ZD(J)9 转辙机产品说明书》，信息如下。本地铁线路正线和试车线全部使用 ZD(J)9 转辙机，既适用于多点牵引分动外锁闭道岔的转换，也可用于尖轨联动的内锁闭道岔的转换，同时也适应国内现有各种规格的内、外锁道岔使用。ZD(J)9 转辙机的整体结构如图 3-6 所示。

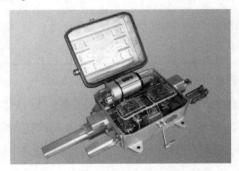

图 3-6　ZD(J)9 转辙机整体结构图

说明书中，对 ZD(J)9 转辙机编号中的含义说明如图 3-7 所示。

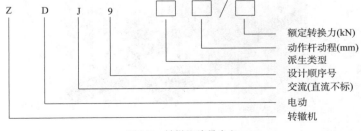

图 3-7　转辙机编号含义

说明书中，ZD(J)9 转辙机系列型号如表 3-4 所示，ZD(J)9 转辙机分为基本型及 A、B、C、D 等派生型号；其中 A 型机与 B 型机适用于分动外锁闭，C 型机与 D 型机适用于联动内锁闭。本地铁线路中不同折返点采用了 ZD(J)9-A220/2.5k 和 ZD(J)9-B150/4.5k 两个型号的转辙机。

ZD(J)9 转辙机系列型号　　　　　　　　表 3-4

型号	ZD(J)9-A220/2.5k	ZD(J)9-B150/4.5k	ZD(J)9-C220/2.5k	ZD(J)9-D150/4.5k	ZD(J)9-170/4k
电源电压 AC 三相(V)	380	380	380	380	380
额定转换力(kN)	2.5	4.5	2.5	4.5	4
动作杆动程(mm)	220±2	150±2	220±2	150±2	170±2
表示(锁闭)杆动程(mm)	160±4	75±4	160±20	75±20	152±4
工作电流(A)	≤2.0	≤2.0	≤2.0	≤2.0	≤2.0
动作时间(s)	≤5.8	≤5.8	≤5.8	≤5.8	≤5.8
单线电阻(Ω)	54	54	54	54	54
挤脱力(±2kN)	—	28	—	28	28
摩擦转换力(kN)	3.8±0.4	6.8±0.7	3.8±0.4	6.8±0.7	6±0.6
特性	不可挤，双杆内锁	可挤，单杆内锁	不可挤，双杆内锁	可挤，单杆内锁	可挤，双杆内锁
适用范围	分动道岔，双机牵引第一牵引点	分动道岔，双机牵引第二牵引点	联动道岔，双机牵引第一牵引点	联动道岔，双机牵引第二牵引点	联动道岔，单机牵引

步骤三：收集 S700K 转辙机信息。

查找转辙机厂家提供的《S700K 转辙机产品说明书》，信息如下。S700K 型电动转辙机是从德国西门子公司引进的设备和技术，经过消化吸收和改进后，其迅速在主要干线推广运用。经过数年的实践表明，该型转辙机结构先进，工艺精良，不但解决了长期困扰信号维修技术员的电机断线、故障电流变化、接点接触不良、移位接触器跳起和挤切销折断等故障，而且维护量有所减少。S700K 转辙机的整体结构如图 3-8 所示。

图 3-8　S700K 转辙机的整体结构

说明书中,对 S700K 转辙机编号中的含义说明如图 3-9 所示。

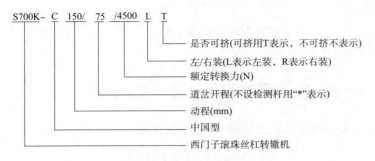

图 3-9 转辙机编号含义

S700K 转辙机的产品代号来自德文"Simens-700-Kugelgewinde",其含义为"西门子-具有 6860N(700kgf)保持力-带有滚珠丝杠"的电动转辙机。

技术应用	查一查,目前世界上号数最大的道岔用在我国的哪条线路上?其侧向通过时速达多少公里?由几台转辙机联合作业进行控制?采用的是什么型号的转辙机?
学习笔记	

任务实施

首先,结合信号设备平面布置图和设备实物图,完成正线和车辆转辙机的统计工作;然后,确认现场转辙机状态。

● 实施工作1 完成正线和车辆段转辙机统计工作

步骤一:盘点正线线路区段上转辙机的数量,分析关键位置的转辙机,完成表3-5。

分析关键位置的转辙机(1)　　　　　　　表3-5

```
（信号设备平面布置图）
```

正线线路区段道岔均为采用 ZD(J)9 双机牵引,请统计,以上区段中共有_____台 ZD(J)9 转辙机,其中_____台在上行线路中,分别控制_____、_____、_____号道岔;_____台在下行线路中,分别控制_____、_____、_____号道岔。

(1)如果列车从上行折返至下行,采用站后直折弯返的方式时,对应道岔位置分别是:

4号道岔:定位□　反位□　　3号道岔:定位□　反位□　　1号道岔:定位□　反位□

(2)如果列车从上行折返至下行,采用站后弯折直返的方式时,对应道岔位置分别是:

4号道岔:定位□　反位□　　3号道岔:定位□　反位□　　2号道岔:定位□　反位□

(3)如果列车从上行折返至下行,采用站前折返的方式时,在列车进站时,5号、6号道岔位置分别是:

5号道岔:定位□　反位□　　6号道岔:定位□　反位□

(4)效率分析:以上终点站区域,共有_____条折返路线,其中_____种折返方式效率较高?为什么?

_____
_____
_____
_____
_____

(5)分析风险:

在早高峰期间,要求最高效率组织运营。信号维修技术员通过提前风险分析,得出结论:_____号和_____号道岔位置比较关键,一旦故障将导致_____条折返路线中断。需要提前制定应急预案,布置对应维护资源。

步骤二：盘点场段线路区段上转辙机的数量，分析关键位置的转辙机，完成表 3-6。

分析关键位置转辙机（2）   表 3-6

(1) 场段线路道岔均采用 ZD6 转辙机单机牵引，依照本书附图 3，盘点共有＿＿＿＿＿台转辙机。

(2) 分析风险：分析附图 3，车辆段内的转辙机故障会直接影响运营吗？哪些区域的转辙机故障后会造成车辆段内列车无法运行至正线？为什么？

_____
_____
_____
_____
_____
_____
_____
_____
_____
_____
_____
_____
_____
_____
_____
_____
_____
_____

(3) 分析车辆段局部图纸如下：

上图中，如果列车要从 D4 信号机开到材料棚，会经过＿＿＿＿＿号道岔和＿＿＿＿＿号道岔；这两个道岔分别在定位还是反位？（ ）

注意：通常把道岔经常所处的位置叫作定位，临时根据需要改变的另一位置叫作反位。

实施工作 2　确认现场转辙机状态

盘点转辙机过程中，确认现场转辙机状态，完成表 3-7。

确认现场转辙机状态　　　　　　　　　　　　　　　表 3-7

现场图片	状态确认
	当前道岔为：定位□　反位□ 转辙机数量：单机□　双机□　多机□ 转辙机杆件在：伸出位□　拉入位□ 转辙机是：左装□　右装□ 基本轨和尖轨间是否密贴：是□　否□
	当前道岔为：定位□　反位□ 转辙机数量：单机□　双机□　多机□ 转辙机杆件在：伸出位□　拉入位□ 转辙机是：左装□　右装□ 基本轨和尖轨间是否密贴：是□　否□
	检查左侧基本轨与尖轨的间距是否大于 4mm： 是□　否□ 检查左侧基本轨与尖轨的间距是否大于 4mm： 是□　否□ 基本轨和尖轨间是否密贴：是□　否□ 检查该道岔的转辙机是否报警：是□　否□ 处置建议：

注意：密贴标准是，锁闭情况下，尖轨与基本轨之间的缝隙宽度不得超过 4mm。

视野拓展　　地铁线路中转辙机的日平均动作频次超过 200 次，有的地方单台转辙机每日动作频次高达 500 次以上。而在铁路上，即使是客流高峰站，转辙机每天的动作也不会超过 100 次。想一想，为什么地铁线路中转辙机使用的频次高于铁路？转辙机故障会带来哪些风险？

学习笔记

任务评价

班级：　　　　姓名：　　　　学号：　　　　指导教师：

考核项目		完成转辙机资产盘点		
序号	评价标准	分值	自评得分（40%）	教师评分（60%）
1	能够辨识不同类型的转辙机的优缺点，在讨论环节中根据转辙机的特点，给出地铁线路不同区域推荐的转辙机类型，并说明原因。	20		
2	能够主动查找资料，能够明确世界上号数最大的道岔用在我国的哪条线路上。积极讨论，说明控制该道岔的转辙机的特点。	10		
3	能够正确识读正线信号平面布置图，完成转辙机盘点工作，结合运营情况，分析在运营中正线核心位置的转辙机，并给出风险防范措施。	20		
4	能够正确识读车辆段信号平面布置图，完成转辙机盘点工作，结合运营情况，分析在车辆段核心位置的转辙机，并给出风险防范措施。	20		
5	能够正确辨识道岔位置、转辙机数量、安装位置，明确现场转辙机密贴状态是否正常。	20		
6	能够积极检索资料，了解转辙机在轨道交通运营中的核心位置，主动分享历史上由于转辙机故障造成的重大事故与故障原因。	10		
合计		100		

任务总结

_____

_____

_____

_____

_____

任务 3.2　拆装转辙机机械结构及锁闭装置

接受任务

为了能够提前做好转辙机维护准备工作,需要对现场转辙机的主要部件进行梳理、统计,以确认维护工作中可能用到的备件。本任务中,信号维修技术员需通过转辙机机械机构及锁闭装置的拆装,梳理转辙机内外部部件的组成、结构和功能。按照现场可更换备件的颗粒度,梳理备件清单。在转辙机拆装过程中,提前做好安全防护,不要被机械部件所伤,通过合作完成任务。

任务准备

● 准备工作 1　识别转辙机内部机械结构

步骤一:梳理 ZD6 转辙机内部结构。

查阅承包商给出的《ZD6 转辙机说明书》,主要部件如图 3-10 所示。

软件演示

ZD6转辙机拆装

图 3-10　ZD6 转辙机内部结构图

1-动作杆;2-表示杆组;3-电动机;4-减速器;5-手动安全接点;6-接点座;7-移位接触器;8-主轴组;9-齿条块

结构说明:ZD6 转辙机整机的结构设计采用了模块化设计,分为几个相对独立的部件:电动机、减速器、主轴、自动开闭器、表示杆、动作杆、齿条块、移位接触器、安全接点、底座及机盖等。这些部件可单独安装,拆卸,互不影响,以便维护、检修。

动作顺序:电动机旋转→减速器减速→输出轴带动主轴旋转→锁闭齿轮解锁带动齿条块动作→挤切销→动作杆运动→转换道岔→锁闭齿轮锁闭→锁闭动作杆。

步骤二:梳理 ZD(J)9 转辙机内部结构。

查阅承包商给出的《ZD(J)9 转辙机说明书》,主要部件如图 3-11、图 3-12 所示。

结构说明:ZD(J)9 电动转辙机主要由电动机、减速器、摩擦联结器、滚柱丝杠、推板套、动作杆、锁块、锁闭铁、接点座组、锁闭杆等零部件组成。采用滚珠丝杠传动,传动效率提升,是一种维护少的电动转辙机,除易损易耗件外整机试验寿命可达100万次。

图 3-11　ZD(J)9 转辙机内部结构说明图

1-动作杆;2-表示杆(锁闭杆);3-锁闭铁;4-启动片;5-动、静接点组;6-接线端子;7-安全开关;8-接点座;9-减速器;10-摩擦联结器;11-电机;12-推板套;13-滚珠丝杠;14-动作板

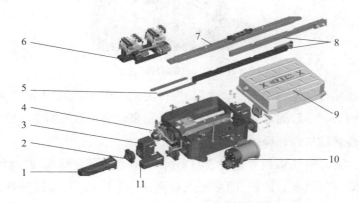

图 3-12　ZD(J)9 转辙机内部结构爆炸图

1-防护管;2-方孔套;3-摩擦联接器;4-推板套及丝杠副;5-SF2 衬垫;6-接点组;7-动作杆;8-左右锁闭杆;9-盖;10-电机减速器;11-端盖

动作顺序:电动机旋转→减速器减速→摩擦联结器旋转→滚珠丝杠旋转→推板套运动→锁块推动作杆→动作杆运动→转换道岔→锁闭铁锁住动作杆。

课堂讨论　ZD(J)9 转辙机借鉴了国内外成熟的先进技术,结合我国实际情况进行设计,其部分结构技术已达到国际领先水平。请列表对比 ZD(J)9 转辙机的部件中,有哪些是与 ZD6 转辙机对应部件作用相同但外观不同的?

学习笔记

准备工作2　识别转辙机外部机械结构

步骤一：梳理转辙机外部杆件结构。

根据承包商给出的《转辙机安装说明书》以及现场的实际情况,信息如下:转辙机外部结构主要包括表示杆、连接杆、尖端铁等,如图3-13所示。

图3-13　内锁闭转换装置

动作说明:连接杆固定在两根尖轨之间、保持尖轨间距;尖端铁固定在两根尖轨之间,用来确保道岔的密贴;表示杆通过舌铁尖端杆连接,用来调整转辙机的表示缺口大小。

步骤二：梳理转辙机外部锁闭装置。

根据承包商给出的《转辙机外锁闭说明书》以及现场的实际情况,归纳信息如下。

外锁结构:外锁闭装置有两种,即燕尾锁和钩锁。实践证明,钩锁外锁闭优于燕尾锁外锁闭,因此本地铁线路中采用钩锁外锁闭,其结构如图3-14所示。

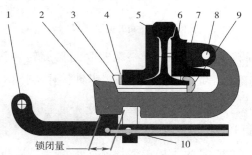

图3-14　钩锁外锁闭结构

1-锁闭动作杆;2-锁钩;3-锁闭铁;4-调整片;5-锁闭框;6-尖轨;7-尖轨连接铁;8-销轴;9-固定螺栓;10-导向销

动作说明:初始状态,左侧尖轨锁闭,右侧尖轨斥离。操纵道岔,观察转辙机的动作杆以及连接的外锁闭装置的动作方式。过程记录如表3-8所示。

过程记录 表3-8

步骤	名称	图形展示	细节记录
1	解锁	解锁后,左侧尖轨锁闭,右侧尖轨斥离	解锁时,转辙机转动,动作杆移动,锁闭杆沿导槽移动,利用锁闭杆凸起的锁闭块推动斥离侧锁钩移动,使斥离侧的尖轨开始动作。
2	转换	转换过程中	解锁后,锁闭杆的两个凸锁闭块都已落入对应的锁钩凹槽当中,锁闭杆继续移动,带动两个锁钩同时移动,两个锁钩带动对应的尖轨同时转换。
3	锁闭	转换到位,右侧尖轨锁闭,左侧尖轨斥离	锁闭时,原斥离的尖轨密贴后,锁闭杆继续移动,其向上凸起的锁闭块推动锁钩的尾端上升,使锁钩尾端的斜面与锁闭铁的斜面贴合,该尖轨锁闭。此时原密贴尖轨继续移动,直至原斥离的尖轨锁闭后停止动作。

外锁闭装置直接把尖轨与基本轨锁住,即道岔的锁闭主要不是依靠转辙机内部的锁闭装置,而是依靠转辙机外部的锁闭装置实现的。这大大提高了道岔及转换设备工作的可靠性,降低了维护工作量,延长了使用寿命。

视野拓展

内锁闭的转辙机,当列车通过道岔产生冲击时,其冲击力经过杆件将直接作用于转辙机内部,使转辙机内部部件受损。因此,内锁闭方式已不能满足列车高速运行的需要。请查资料,对比总结转辙机内锁和外锁结构各自的优缺点。想一想,地铁线路中哪些地方配置外锁闭转辙机,哪些地方配置内锁闭转辙机?为什么?

学习笔记

任务实施

• 实施工作1　完成 ZD6 转辙机拆装和记录

填写 ZD6 转辙机拆装记录表（表 3-9）。

ZD6 转辙机拆装记录表　　　　　　　　　　表 3-9

引导问题	部件照片	说明
如何打开转辙机？		名称：转辙机盖。 功能：_____ _____ _____ 说明：开盖过程，用活扳手松动转辙机盖上的螺栓，拉下遮断器，用转辙机专用钥匙，打开转辙机盖。
如何把电能转换成机械能？		名称：直流电动机。 功能：_____ _____ _____ 采用（交流□　直流□）电机。 原理：直流电动机原理，符合左手定则。 电动机工作参数（如标牌）：_____
如何将电动机的转数减到所需的转数，并得到较大转矩？	部件说明：两级减速器，第一级采用圆柱外齿轮传动，第二级采用行星齿轮传动。	名称：减速器。 功能：_____ _____ _____ _____ 原理：减速器的结构采用行星传动式结构。第一级为直齿轮对，转速比为 27∶103；第二级为行星传动式减速器，转速比为 1∶41。 因此，计算总转速比约为_____。即电动机转动_____圈，输出轴转动 1 圈。

续上表

引导问题	部件照片	说明
若转辙机的机械传动装置均采用"硬"连接会有什么问题？	部件说明： 弹簧 摩擦带 摩擦制动板 减速壳 内齿轮 滚珠轴承 输出轴	名称：摩擦联结器。 功能：在正常情况下，摩擦联结器能够将电动机的动作传达到尖轨，使道岔转换；当道岔尖轨被阻、负荷超过一定限度时，摩擦联结器＿＿＿＿＿＿，从而断开道岔尖轨与电动机的连接，使电动机不被烧毁。 原理：故障时外齿轮在输入轴的带动下做公转，使内齿轮在摩擦带中＿＿＿＿＿＿＿＿，使能量＿＿＿＿＿＿＿＿。
如何反映转辙机所在道岔是定位还是反位？	动、静接点 表示连锁装置 部件说明：该部件可以独立拆卸，与下方的杆件配合，在道岔转换和锁闭结束时，切断电动机驱动电路，接通新的表示电路，进而反映道岔尖轨的位置状态。	名称：自动开闭器。 功能：正确反映道岔位置。 原理：接点包括动静接点组，对照实物图有＿＿＿＿＿排动接点，＿＿＿＿＿排静接点，编号是站在电动机处观察，自右向左分别为1、2、3、4排，每排有＿＿＿＿＿组接点，第1排自上向下顺序记录编号，分别是＿＿＿＿＿＿＿＿＿＿＿＿＿＿＿。 如道岔处于定位状态时，第1、3排接点闭合；则反位时第＿＿＿＿＿排和第＿＿＿＿＿排接点闭合。

续上表

引导问题	部件照片	说明
如何把转动变成平动,并实现锁闭?	挤切销、齿条块、主轴、动作杆 动作过程: 伸出位锁闭 中间位 拉入位锁闭	名称:转换锁闭装置。 功能:齿条块组与主轴组配合,将电动机的(转动□ 平动□)变为动作杆的(转动□ 平动□)。 对照部件照片写出动作过程:_____
当道岔被挤时,转辙机中的哪个部件给出表示?		名称:挤切销和移位接触器。 功能:用来进行挤岔保护,并给出挤岔表示。 原理:当发生挤岔时,挤切销被_____,从而保证转辙机不被破坏;顶杆被顶起,使移位接触器内的接点_____,断掉表示电路。

续上表

引导问题	部件照片	说明
如何确定尖轨已被拉动到位并已被锁闭在新位置？	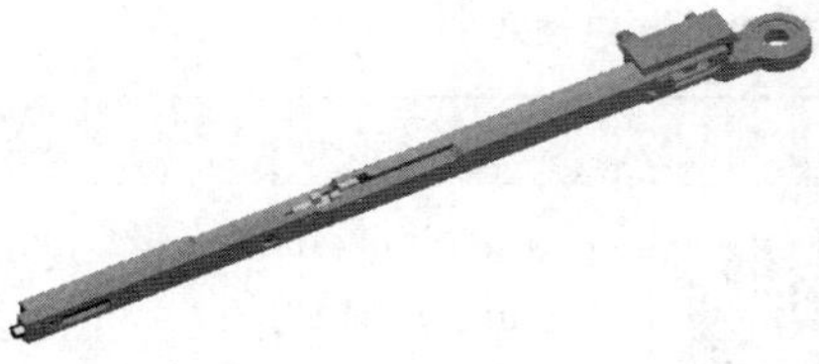 动作过程（拉入和伸出）： 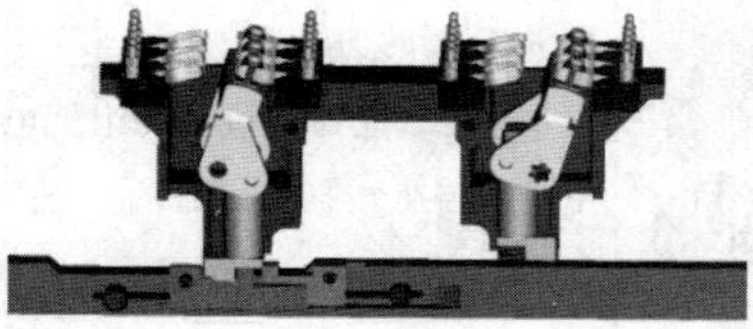 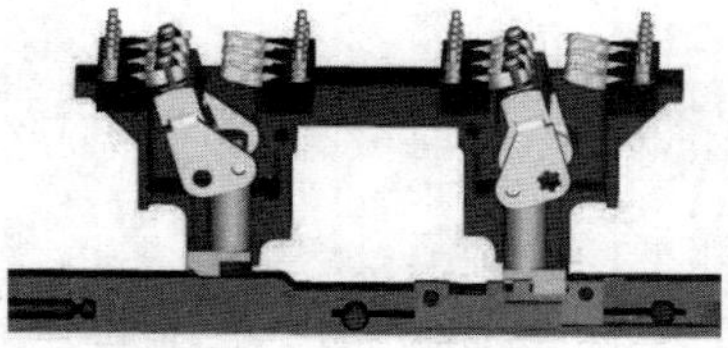	名称：表示杆。 功能：由前表示杆和后表示杆组成，请观察前表示杆的前伸端设有_____个孔，用来安装接头铁；后表示杆后端面上的孔，用来安装调整杆。 原理：当尖轨确实到达并被锁闭在新位置时，与动接点联动的检查柱才能落进检查块的缺口里，动接点接通新位置的表示电路。 对照部件照片写出动作过程：_____ _____ _____ _____ _____ _____

完成一台 ZD6 转辙机的拆卸和组装工作，记录拆卸和组装顺序，以及过程中的问题：

拆卸顺序：电机盖→_____

_____

组装顺序：主轴→_____

_____

问题记录：_____

_____

_____

_____

_____

_____

• 实施工作 2　完成 ZD(J)9 转辙机拆装和记录

填写 ZD(J)9 转辙机拆装记录表(表 3-10)。

ZD(J)9 转辙机拆装记录表　　　　　表 3-10

引导问题	部件照片	说明
如何把电能转换为机械能,并得到所需的较大转矩?		名称:交流电动机及减速器。 电动机的功能是:_____ 电动机工作参数(如标牌):_____,为(交流□ 直流□)电动机。 减速器的功能是:_____ 原理:减速器通过齿轮组把电动机输入的(高□ 低□)转速转换为(高□ 低□)转速,(大□ 小□)转矩转换为(大□ 小□)转矩。
尖轨卡阻时如何保护电动机?	部件说明:主动片是 4 片外摩擦片,被动片为 3 片内摩擦片,用 12 个弹簧加压。	名称:摩擦联结器。 功能:保证转换力稳定地将摩擦联结器的旋转运动传递到滚珠丝杠上。 原理:当道岔转换阻力小于摩擦联结器的规定值时,电动机正常_____,摩擦联结器_____。当道岔受阻滚珠丝杠不能转动时,电动机将带动齿轮箱中的齿轮及摩擦联结器齿轮_____,起到保护_____的作用。
如何反映转辙机所在道岔是定位还是反位?	部件说明:自动开闭器中接点座的静接点片采用铍青铜片,动接点环为铜钨合金,接线端子采用 WAGO 专用端子。	名称:自动开闭器。 功能:_____。 原理:接点包括动静点组,对照实物图有_____排动接点,_____排静接点,如道岔处于定位状态时,第 1 排和第 3 排接点闭合;则反位时第_____排和第_____排接点闭合。

续上表

引导问题	部件照片	说明
如何把电动机的转动的力变换为拉动尖轨的平动的力？	部件说明：一般为磨削丝杠，直径为32mm，导程10mm。	名称：滚珠丝杠。 功能：把传动齿轮的（转动□ 平动□）运动转换成与丝杠连接的推板套的（转动□ 平动□）运动。 原理：滚珠丝杠的一端与摩擦联结器"固定"在一起，当摩擦联结器转动时，滚珠丝杠随之转动，使丝杠上的推板套做_____方向的运动。
如何实现转辙机到位后的锁闭功能？		名称：锁块。 功能：推板套水平直线运动，推动安装在动作杆上的_____个锁块，在锁闭铁的辅助下使动作杆水平运动，完成道岔_____。
当道岔被挤时，转辙机中的哪个部件给出表示？		名称：挤脱器。 功能：挤岔时切断表示。挤岔时外力通过动作杆、锁块作用在锁闭铁上，当外力≥_____kN时挤脱器工作。 原理：锁闭铁水平移动，通过水平顶杆、竖顶杆使动接点支架旋转，从而切断表示电路。
如何确定尖轨已被拉动到位并已被锁闭在新位置？	部件说明：分为左、右表示杆，分别与道岔的两根尖轨相连。	名称：表示杆。 功能：转辙机表示功能是由动作板、接点座组、表示杆共同完成的。 原理：观察表示杆上有_____个凹槽，用来存放自动开闭器上的水平顶杆。当搬动道岔或挤岔时，锁闭铁可推动水平顶杆，再由_____推动接点组的左右支架断开表示电路。

完成一台 ZD(J)9 转辙机的拆卸和组装工作(除滚珠丝杠部分外),记录拆卸和组装顺序,以及过程中的问题:

拆卸顺序:电机盖→_____

_____

_____

组装顺序:主轴→_____

_____

_____

问题记录:_____

_____

_____

_____

_____

● 实施工作3　完成外锁闭装置组装和记录

填写外锁闭装置组装记录表(表 3-11)。

外锁闭装置组装记录表　　　　　　　　　　表 3-11

步骤	要求	图例	过程记录
1. 组装锁闭杆	连接各牵引点的两个锁闭杆、绝缘垫板、连板、螺栓、螺母、垫圈,安装防松盖和开口销。两锁闭杆连接要平直。	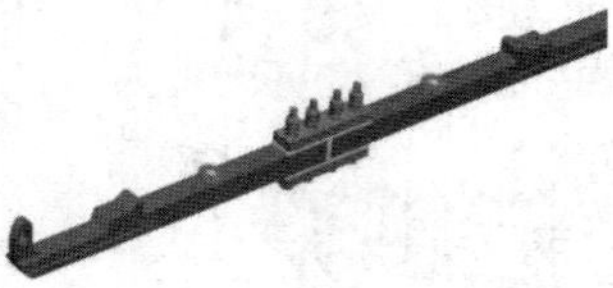	绝缘垫板个数: 开口销劈角度:
2. 预装螺栓	用撬棍将两侧尖轨撬开,在尖轨上预安装尖轨连接铁和尖端铁固定螺栓,在基本轨上安装锁闭框固定螺栓。		尖端铁固定螺栓个数: 螺栓力矩:
3. 安装尖轨连接铁	尖轨连接铁的圆弧朝向尖轨底面安装,拧紧螺栓。		固定螺栓个数: 螺栓力矩:

续上表

步骤	要求	图例	过程记录
4.安装锁闭框和锁闭杆	将一锁闭框安装在一侧基本轨上,安装螺栓应在锁闭框安装长孔的中心位置,并暂不拧紧;将锁闭杆从另一侧基本轨轨底套入锁闭框,并使锁闭框组件挡板的凸台进入锁闭杆的两侧凹槽,将锁闭杆抬起,穿入另一个锁闭框,并使锁闭框组件挡板的凸台进入锁闭杆的两侧凹槽,锁闭框安装在另一侧基本轨上。		检查调整两侧锁闭框,锁闭杆摆放是否平顺? 是□ 否□ 检查挡板凸台是否进入锁闭杆凹槽? 是□ 否□
5.安装锁钩	先将一侧锁钩放在锁闭杆上,使锁闭杆凸台嵌入锁钩凹槽中,推动锁闭杆,使锁钩孔对齐尖轨连接铁的销轴孔,由前向后穿入销轴。紧固销轴后,用撬棍将尖轨与基本轨密贴。		另一侧是否用同样方法完成安装? 是□ 否□ 调整片个数:_____ 调整片厚度:_____
6.安装锁闭铁	安装锁闭铁并用固定螺栓固定。		固定螺栓个数: _____ 螺栓力矩: _____
7.安装装置	安装装置在完工时,除部件托板及尖端铁未组装外,其他零件已经组装成部件。安装顺序依次为:安装托板、转辙机;安装动作连接杆;安装表示杆。		检查稳固性是否合格: 是□ 否□ 检查锁闭框螺栓是否紧固: 是□ 否□

说明:由于外锁闭装置组装涉及与其他轨道专业的接口,因此组装前要检查道岔部分是否符合工务有关技术要求,然后方可安装电务设备。

任务评价

班级：　　　　　姓名：　　　　　学号：　　　　　指导教师：

考核项目		拆装转辙机机械结构及锁闭装置		
序号	评价标准	分值	自评得分（40%）	教师评分（60%）
1	拆装记录表填写字迹美观清晰，题目填写齐全。	10		
2	能够正确识别ZD6、ZD(J)9、S700K转辙机内部结构，对照每类转辙机设备，正确指认5种以上的内部结构名称。	20		
3	能够以小组为单位，正确完成ZD6转辙机的整体拆装工作，要求按照顺序精细化操作，重新组装后转辙机能够正常运转。	20		
4	能够以小组为单位，正确完成ZD(J)9转辙机的拆装工作（除了滚珠丝杠部分），要求按照顺序精细化操作，重新组装后转辙机能够正常运转。	20		
5	能够以小组为单位，完整拆装转辙机的外锁闭装置，按照顺序精细化操作，重新组装后转辙机能够正常锁闭。	20		
6	在实操任务中，能够积极与团队队员有效沟通、高效合作，解决实施过程中的各类问题。	10		
合计		100		

任务总结

任务 3.3 识读转辙机电路结构

接受任务

转辙机机械部分拆装完成后,为了完成转辙机的维护任务,需要进一步分析转辙机的电路部分。本任务中,信号维修技术员需要对照转辙机实物分析其电路图纸,识别转辙机不同电路的作用,并根据故障现象完成电路故障点的定位。

职业要求 本部分内容既是信号维修技术员职业能力养成的难点,也是信号职业技能比赛的赛点。完成本任务,需要秉承精益求精的工匠精神,同时具有严谨的故障诊断逻辑思维,通过团队合作来解决问题,全力保障运营安全。

任务准备

转辙机动作和状态表示是由电路控制完成的。转辙机的控制电路由控制电路、启动电路和表示电路组成。启动电路的作用是根据操作意图接通电动机电路,带动道岔转换至规定位置;表示电路的作用是在道岔转换完毕并锁闭后,给出道岔的实际位置表示。

微课演示
转辙机启动电路认知

本地铁线路中,ZD6 转辙机使用的是四线制控制,ZD(J)9 转辙机使用的是五线制控制。下面针对现场使用的这两类转辙机的电路分别分析。

● 准备工作 1 分析 ZD6 转辙机的四线制道岔控制电路

查找工程图纸中的 ZD6 转辙机电路图部分(见附图 1),进行电路图分析。

步骤一:识别电路图中的电气接点和继电器接点。

(1)室外电气接点。

在 ZD6 转辙机机械结构中,图 3-15 中标明的接点将在转辙机电路中使用到,分别是安全接点、接线柱接点、移位接触器接点,以及四组静接点组和两组动接点组。

(2)室内继电器接点。

阅读图纸说明,转辙机电路的电路图中常见名词解释如表 3-12 所示。

步骤二:分析 ZD6 转辙机控制电路图。

ZD6 转辙机电路图(室内部分)如图 3-16 所示。

以 ZD6 转辙机由定位转向反位时的控制电路为例,室内部分主要需要导通以下两条电路:

软件演示
ZD6转辙机控制电路演示及故障查找

图 3-15 转辙机电气接点

转辙机电路图中常见名词解释　　　　　　　　　　　　　　　　表 3-12

序号	名称	解释	说明
1	1DQJ	1 道岔启动继电器	1DQJ 检查道岔区段空闲,进路是否在解锁状态,监督电机是否正常动作。
2	2DQJ	2 道岔启动继电器	2DQJ 控制电机的转动方向,决定道岔是转向定位还是反位。
3	1DQJF	1 道岔启动复示继电器	1DQJ 的复示作用。
4	TJ	时间继电器	当时间转辙机没有转换到位时切断电路。
5	DBJ	定位表示继电器	给出定位表示。
6	FBJ	反位表示继电器	给出反位表示。
7	BHJ	保护继电器	三相电源送电,BHJ 吸起,不送电的时候落下。
8	DCJ	定位操作继电器	由联锁机驱动,定位操作时,DCJ 吸起,接通道岔启动电路,转换道岔至定位。
9	FCJ	反位操作继电器	由联锁机驱动,反位操作时,FCJ 吸起,接通道岔启动电路,转换道岔至反位。
10	SFJ	锁闭防护继电器	由联锁机驱动。
11	DBQ	断相保护器	DBQ 检查流过的三相电流值正常且平衡后,输出 DC24V 使 BHJ 吸起。
12	KZ、KF	控制正极、控制负极	控制电的输入、输出。

(1)1DQJ 励磁电路。

导通顺序:KZ→SJ 吸起→1DQJ$_{3-4}$ 线圈→2DQJ$_{141-142}$→FCJ(吸起)→KF。

分析作用:使 1DQJ 线圈得电,接点励磁吸起。

(2)2DQJ 转极电路。

导通顺序:KZ→1DQJ 接点→2DQJ$_{1-2}$ 线圈→FCJ 吸起→KF。

分析作用:使 2DQJ 线圈得电,接点转极。即断开 141-142 接点,接通 141-143 接点(反位)。

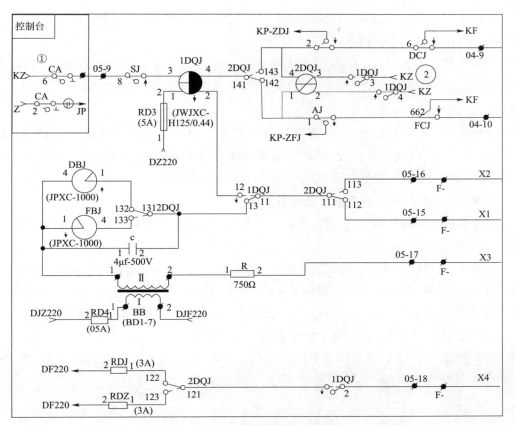

图 3-16　ZD6 转辙机电路图(室内部分)

步骤三：分析 ZD6 转辙机动作电路图。

ZD6 转辙机的整体电路如图 3-17 所示。

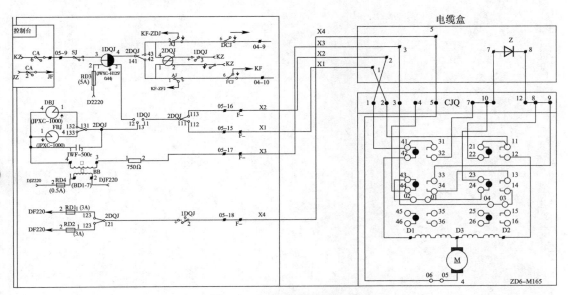

图 3-17　ZD6 转辙机整体电路图

以 ZD6 转辙机定位转向反位时的动作电路为例,需要导通以下电路:
1DQJ 自闭兼道岔启动电路。

导通顺序:DZ220→1DQJ$_{1-2}$线圈→2DQJ$_{111-113}$→X2 线到室外→电缆盒 2 端子→转辙机内 41、42 静接点→转辙机电机转动→电缆盒 5 端子→X4 线到室内→1DQJ 接点→2DQJ$_{121-123}$→DF220。

分析作用:①实现 1DQJ 自闭:直流 220V 电流经过 1DQJ$_{1-2}$线圈,使 1DQJ 保持吸起,构成自闭电路;当道岔转换到反位后,自动开闭器动作接点断开 1DQJ$_{1-2}$线圈自闭电路,使 1DQJ 失磁;②实现道岔启动:道岔直流 220V 电流向转辙机电机送电。

步骤四:分析 ZD6 转辙机表示电路图。

当转辙机动作到位锁闭后,需要构成表示电路。以 ZD6 转辙机反位表示电路-交流电正半周为例,参照图 3-17。

导通顺序:BBⅡ$_3$→R$_{1-2}$→X3 线到室外→电缆盒 3 端子→移位接触器 04-03→自动开闭器 13-14→自动开闭器 33-34→二极管 Z→自动开闭器 31-32→自动开闭器 41→电缆盒 2 端子→X2 线到室内→2DQJ$_{111-113}$→1DQJ$_{11-13}$→2DQJ$_{131-133}$→FBJ$_{1-4}$→BBⅡ$_4$。

分析作用:给出反位表示,使 FBJ 反表继电器励磁吸起。

课堂讨论	按照以上梳理的控制电路、表示电路的导通顺序,在图 3-16 和图 3-17 中画出电流导通路径。以小组为单位,讨论当交流电负半周时,原表示电路是否可以导通?是哪个器件不能导通?梳理交流电负半周时的电流导通路径。
学习笔记	

●准备工作2 分析 ZD(J)9 转辙机五线制道岔控制电路

查找工程图纸中的 ZD(J)9 转辙机电路图部分(见附图2),进行电路图分析。

步骤一:识别电路图中的电气接点和继电器接点。

(1)室外电气接点。

在 ZD(J)9 转辙机机械结构中,安全接点、接线柱接点,以及自动开闭器接点组将在转辙机电路中使用到。ZD(J)9 转辙机面向转辙机站在开盖方向接点顺序从左至右分别为 1、2、3、4 排,每排接点顺序以第 1 排为例,从下至上编号分别为 11、12、13、14、15、16,如图 3-18 所示。

软件演示

ZD(J)9转辙机控制电路演示及故障查找

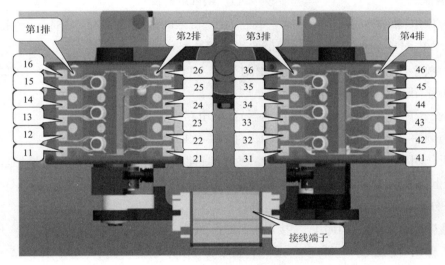

图 3-18 ZD(J)9 转辙机接点排布示意图

(2)室内继电器接点。

阅读图纸说明,ZD(J)9 转辙机继电器接点与 ZD6 转辙机名词解释基本一致。

步骤二:分析 ZD(J)9 转辙机控制电路图。

ZD(J)9 转辙机的控制部分电路图如图 3-19 所示。

以 ZD(J)9 转辙机由定位转向反位时的控制电路为例,控制电路中需要导通以下电路:

(1)1DQJ 励磁电路。

导通顺序:KZ24V→SJ 接点→$1DQJ_{3-4}$ 线圈→$2DQJ_{141-142}$→AJ→FCJ 吸起→KF24V。

分析作用:使 1DQJ 线圈得电,接点励磁吸起。

(2)1DQJF(一启动复示继电器)励磁电路。

导通顺序:KZ24V→$1DQJF_{1-4}$ 线圈→TJ(延时继电器)未励磁吸起→$1DQJ_{32-31}$ 接点→KF24V。

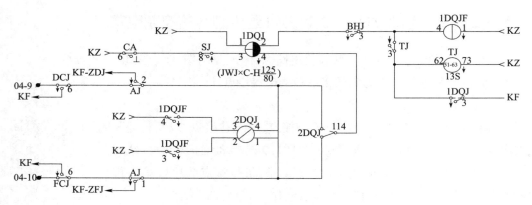

图 3-19　ZD(J)9 转辙机控制电路

分析作用:构通 2DQJ 励磁电路。当 1DQJ 接点不够用时,需增加一个复示继电器。

(3)分析序号 3 电路:1DQJ 自闭电路。

导通顺序:KZ24V→1DQJ$_{1-2}$ 线圈→BHJ 吸起→TJ 未吸起→1DQJ$_{32-31}$ 接点→KF24V。

分析作用:使 1DQJ 保持吸起状态

(4)分析序号 4 电路:TJ(延时继电器)励磁电路。

导通顺序:KZ24V→TJ 线圈→1DQJ$_{32-31}$ 接点→KF24V。

分析作用:TJ 延时吸起。TJ 延时 13 秒吸起,使道岔有足够时间进行转换,延时时间到后,TJ 吸起,切断 1DQJ 自闭电路,转辙机停止工作。

(5)分析序号 5 电路:2DQJ 转极电路。

导通顺序:KZ24V→1DQJF$_{31-32}$ 接点→2DQJ$_{1-2}$ 线圈→FCJ$_{61-62}$→KF24V。

分析作用:使 2DQJ 线圈得电,接点转极。即 2DQJ 励磁吸起后,断开 141-142 接点(定位),接通 141-143 接点(反位),切断 1DQJ 励磁电路。

步骤三:分析 ZD(J)9 转辙机动作电路图。

ZD(J)9 转辙机定位转向反位的示意图如图 3-20 所示。

以 ZD(J)9 转辙机定位转向反位时的动作电路为例,需要导通以下电路:

动作电路中三相电的导通顺序:

(1)A 相→RD1→DBQ$_{11-21}$→1DQJ$_{11-11}$→电动机 U 绕组;

(2)B 相→RD2→DBQ$_{31-41}$→1DQJF$_{11-11}$→2DQJ$_{111-113}$→转辙机接点 11-11→电动机 W 绕组;

(3)C 相→RD3→DBQ$_{51-61}$→1DQJF$_{21-21}$→2DQJ$_{121-123}$→转辙机接点 13-14→开关 K→电动机 V 绕组。

分析作用:当 1DQJ、1DQJF 吸起,2DQJ 转极后构成三相交流电动机电路,三相交流电源经 RD1～RD3 进入断相保护器 DBQ,接通电动机定子绕组电路,转辙机电机开始转动。

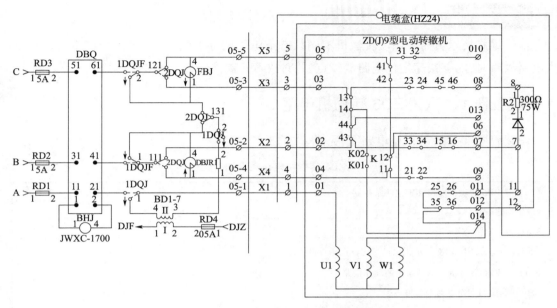

图 3-20　ZD(J)9 转辙机定位转向反位的示意图

步骤四：分析 ZD(J)9 转辙机表示电路图。

当转辙机动作到位锁闭后，需要构成表示电路。以 ZD(J)9 转辙机反位表示电路为例，交流电正负半周接通电路不同，具体如下：

交流电正半周：$BD_{II\text{-}3}$→R1→$1DQJ_{23\text{-}21}$→$2DQJ_{131\text{-}133}$→$FBJ_{1\text{-}4}$→转辙机接点 41-42→电动机绕组 W→电动机绕组 U→$1DQJ_{11\text{-}13}$→$BD_{II\text{-}4}$。FBJ 励磁电路在电源正半周时接通。

交流电负半周：$BD_{II\text{-}3}$→R1→$1DQJ_{23\text{-}21}$→$2DQJ_{131\text{-}133}$→$1DQJF_{23\text{-}21}$→$2DQJ_{121\text{-}123}$→转辙机接点 23-24→转辙机接点 45-46→R1→二极管 Z→转辙机接点 26-25→电动机绕组 V→电动机绕组 U→$1DQJ_{11\text{-}13}$→$BD_{II\text{-}4}$。

以上两个电路中，交流电正半周时，二极管不能导通；交流电负半周时，FBJ 偏极继电器不能导通。因此表示电路中，交流电正负半周的导通电路不同。

课堂讨论	以小组为单位，列表对比 ZD6 转辙机和 ZD(J)9 转辙机哪些电路功能是类似的？讨论不同电路中的相互关系。
学习笔记	

任务实施

信号维修技术员需要识读转辙机不同状态下电路的导通情况,当转辙机在不同位置发生电路故障时,能够快速定位电路故障点,并对故障元器件进行更换。

● 实施工作 1　识读 ZD6 转辙机电路

识读附图 1:ZD6 转辙机电路图,完成表 3-13。

ZD6 转辙机电路图识读　　　　　　　　　　表 3-13

(1)梳理 ZD6 转辙机反位到定位两条控制电路: 1DQJ 励磁电路:KZ→ _____   2DQJ 转极电路:KZ→ _____   在附图 1 中标注出 ZD6 转辙机反位到定位两条控制电路。
(2)梳理 ZD6 转辙机反位到定位的动作电路: 反位到定位的动作电路 DZ220→ _____   _____   总结反位到定位的动作电路经过的线号为:×1□　×2□　×3□　×4□   在附图 1 中标注出 ZD6 转辙机反位到定位的动作电路。
(3)梳理 ZD6 转辙机定位表示电路: _____   定位表示电路流经的接点:$BBⅡ_3$→ _____   _____   总结定位表示电路的线号为:×1□　×2□　×3□　×4□ _____   在附图 1 中标注出 ZD6 转辙机定位表示电路。

● 实施工作 2　识读 ZD(J)9 转辙机电路

识读附图 2:ZD(J)9 转辙机电路图,完成表 3-14。

ZD(J)9 转辙机电路图识读　　　　　　　　　　表 3-14

(1)在以下电路中标注出 ZD(J)9 转辙机反位到定位时的控制电路:

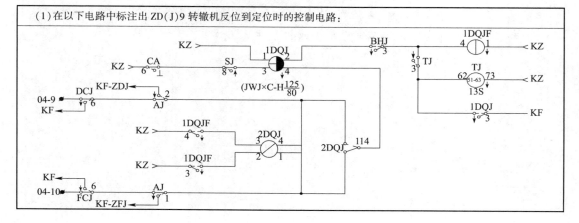

续上表

(2)梳理 ZD(J)9 转辙机反位到定位的控制电路:

1DQJ 励磁电路:＿＿＿＿＿＿＿＿＿＿＿＿＿＿＿＿＿＿＿＿＿＿＿＿＿＿＿＿＿＿＿

1DQJF(一启动复示继电器)励磁电路:＿＿＿＿＿＿＿＿＿＿＿＿＿＿＿＿＿＿＿＿＿

1DQJ 自闭电路:＿＿＿＿＿＿＿＿＿＿＿＿＿＿＿＿＿＿＿＿＿＿＿＿＿＿＿＿＿＿

TJ(延时继电器)励磁电路:＿＿＿＿＿＿＿＿＿＿＿＿＿＿＿＿＿＿＿＿＿＿＿＿＿＿

2DQJ 转极电路:＿＿＿＿＿＿＿＿＿＿＿＿＿＿＿＿＿＿＿＿＿＿＿＿＿＿＿＿＿＿

(3)梳理 ZD(J)9 转辙机反位到定位时的动作电路:

A 相→＿＿＿＿＿＿＿＿＿＿＿＿＿＿＿＿＿＿＿＿＿＿＿＿＿＿＿＿＿＿＿＿＿＿＿

B 相→＿＿＿＿＿＿＿＿＿＿＿＿＿＿＿＿＿＿＿＿＿＿＿＿＿＿＿＿＿＿＿＿＿＿＿

C 相→＿＿＿＿＿＿＿＿＿＿＿＿＿＿＿＿＿＿＿＿＿＿＿＿＿＿＿＿＿＿＿＿＿＿＿

总结反位到定位时的动作电路经过的线号为:×1□ ×2□ ×3□ ×4□ ×5□

在附图 2 中标注出 ZD(J)9 转辙机反位到定位的动作电路。

(4)梳理 ZD(J)9 转辙机定位表示电路:

交流电正半周:BD_{II-3}→＿＿＿＿＿＿＿＿＿＿＿＿＿＿＿＿＿＿＿＿＿＿＿＿＿＿

＿＿＿＿＿＿＿＿＿＿＿＿＿＿＿＿＿＿＿＿＿＿＿＿＿＿＿＿＿＿＿＿＿＿＿＿＿＿

交流电负半周:BD_{II-3}→＿＿＿＿＿＿＿＿＿＿＿＿＿＿＿＿＿＿＿＿＿＿＿＿＿＿

＿＿＿＿＿＿＿＿＿＿＿＿＿＿＿＿＿＿＿＿＿＿＿＿＿＿＿＿＿＿＿＿＿＿＿＿＿＿

总结反位到定位表示电路经过的线号为:×1□ ×2□ ×3□ ×4□ ×5□

在附图 2 中标注出 ZD(J)9 转辙机定位表示电路。

作为信号维修技术员,需要将图纸进行简化记录,有利于电路故障时的快速判断。例如,ZD(J)9 转辙机定位表示电路的简化图如下:

请根据以上示例,画出 ZD(J)9 转辙机反位表示电路的简化图。

实施工作3 查找转辙机电路断点

转辙机电路出现断路故障时,几种典型的电路断线故障的测量方法如下:

(1)逐点电压法:将电压表逐段并联到电路各个部分,如果电压表的示数与电源电压一致,则表明该并联部分发生断路。

(2)电阻测量法:断开电路的电源,用万用表逐点测试电路的电阻,通过电阻值的变化来判断故障点。

动画演示

ZD(J)9转辙机电路故障应急分析

按照表3-15中的引导问题完成ZD6转辙机电路故障点的排查。

ZD6 转辙机电路故障点的排查 表3-15

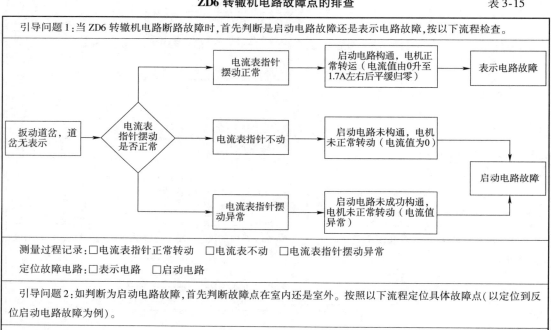

测量过程记录:□电流表指针正常转动 □电流表不动 □电流表指针摆动异常

定位故障电路:□表示电路 □启动电路

引导问题2:如判断为启动电路故障,首先判断故障点在室内还是室外。按照以下流程定位具体故障点(以定位到反位启动电路故障为例)。

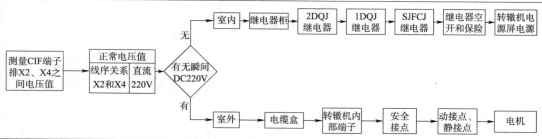

如为启动电路故障:

测量过程记录:□无瞬间 DC220V,定位为室内故障;□有瞬间 DC220V,定位为室外故障。

采用逐点电压法,定位电路断路故障点的位置:_____

引导问题3:如判断为表示电路故障,首先判断故障点在室内还是室外,按照以下流程排查故障点(以反位表示电路故障为例)。

续上表

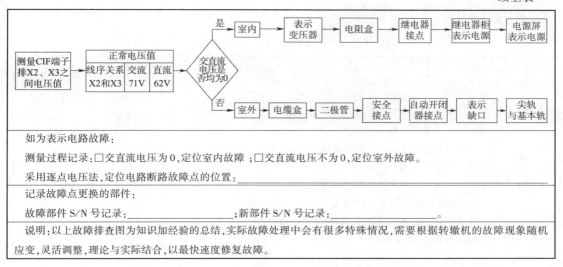

如为表示电路故障:

测量过程记录:□交直流电压为0,定位室内故障;□交直流电压不为0,定位室外故障。

采用逐点电压法,定位电路断路故障点的位置:＿＿＿＿＿＿＿＿＿＿＿＿＿＿＿＿＿＿＿＿

记录故障点更换的部件:

故障部件 S/N 号记录:＿＿＿＿＿＿＿＿＿＿＿；新部件 S/N 号记录:＿＿＿＿＿＿＿＿＿＿＿。

说明:以上故障排查图为知识加经验的总结,实际故障处理中会有很多特殊情况,需要根据转辙机的故障现象随机应变,灵活调整,理论与实际结合,以最快速度修复故障。

按照表 3-16 中的引导问题完成 ZD(J)9 转辙机电路故障点的排查工作。

ZD(J)9 转辙机电路故障点排查　　　　　　　　　　　表 3-16

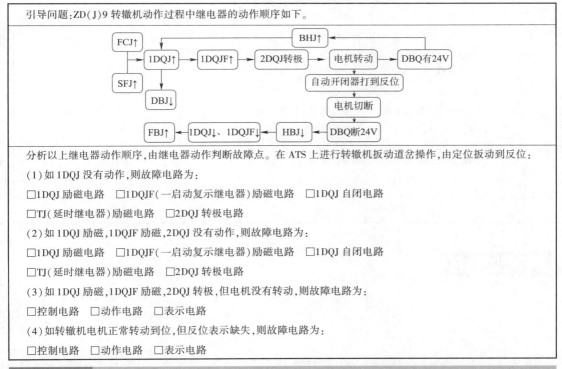

分析以上继电器动作顺序,由继电器动作判断故障点。在 ATS 上进行转辙机扳动道岔操作,由定位扳动到反位:

(1) 如 1DQJ 没有动作,则故障电路为:

□1DQJ 励磁电路　□1DQJF(一启动复示继电器)励磁电路　□1DQJ 自闭电路

□TJ(延时继电器)励磁电路　□2DQJ 转极电路

(2) 如 1DQJ 励磁,1DQJF 励磁,2DQJ 没有动作,则故障电路为:

□1DQJ 励磁电路　□1DQJF(一启动复示继电器)励磁电路　□1DQJ 自闭电路

□TJ(延时继电器)励磁电路　□2DQJ 转极电路

(3) 如 1DQJ 励磁,1DQJF 励磁,2DQJ 转极,但电机没有转动,则故障电路为:

□控制电路　□动作电路　□表示电路

(4) 如转辙机电机正常转动到位,但反位表示缺失,则故障电路为:

□控制电路　□动作电路　□表示电路

课堂讨论　　比较 ZD6 转辙机和 ZD(J)9 转辙机的电路断路故障处理过程。以小组为单位,讨论在关键点的判断上,是否有共同点?如果是电路短路故障呢?查一查用什么办法寻找转辙机的短路点?

任务评价

班级：　　　　姓名：　　　　学号：　　　　指导教师：

考核项目		识读转辙机电路结构			
序号	评价标准	分值	自评得分（40%）	教师评分（60%）	
1	任务实施部分填写字迹美观清晰，题目填写齐全，作图完整美观。	20			
2	能够联系继电器的工作原理，分析转辙机电气接点和继电器接点，能够复述转辙机控制电路中各个继电器的名称和作用。	20			
3	能够正确识读 ZD6 转辙机定位到反位、反位到定位的控制电路、动作电路，以及反位表示、定位表示电路。	20			
4	能够正确识读 ZD(J)9 转辙机定位到反位、反位到定位的控制电路、动作电路，以及反位表示、定位表示电路。	20			
5	能够以小组为单位，主动沟通配合，在给定时间内，完成 ZD6 转辙机电路故障点的查找。	10			
6	能够以小组为单位，主动沟通配合，在给定时间内，完成 ZD(J)9 转辙机故障电路的确定。	10			
	合计	100			

任务总结

任务 3.4 完成转辙机维护

接受任务

本任务中,信号维修技术员需要按照标准规范梳理转辙机的维护内容,然后完成所辖线路中 ZD6 转辙机和 ZD(J)9 转辙机的维护任务。信号维修技术员需通过有效沟通和互相配合,标准规范地完成转辙机所有维护项目。

任务准备

● 准备工作 1 梳理 ZD6 转辙机维护项目

步骤一:梳理外部维护项目。

(1)检查安装装置:要求长角钢应与直股基本轨垂直,短基础角钢应与长基础角钢垂直;安装装置应无裂纹,螺栓紧固。

(2)检查转辙机连接杆件:要求各丝扣均有余量,螺母顶面不高过螺栓顶面;外部杆件没有明显磨痕、裂痕。杆件表面如有明显磨痕应对杆件进行更换,并查明磨损原因。铁绑线完整,连接销、开口销齐全、完好,开口销劈开角度可使其不掉出,对应部件如图 3-21 所示。

图 3-21 外部部件检查

(3)检查尖轨与基本轨是否密贴:要求定位、反位尖轨与基本轨密贴良好,尖轨尖端至第一牵引点范围内,其缝隙满足标准要求。

(4)检查转辙机结构紧固情况:用手锤依次敲击电动转辙机底座、角钢、动作调整杆、表示连接杆、尖端杆,声音应清脆,无松动、无裂纹;顺序检查转辙机各部件螺母是否紧固,螺栓不得低于螺母顶面。

步骤二:梳理内部维护项目。

安全提示 进行内部检查与调整时,必须首先断开安全接点以切断启动电源,以确保信号维修技术员工作安全。

(1)检查及调整安全接点:当转辙机插入手摇把时安全接点应可靠断开,手摇把取出后,安全接点非经人工复位不得接通。

(2)检查直流电动机:转子与磁极间不磨卡;换向器表面光滑干净,槽内无碳粉;碳刷在刷握盒内上下运动无卡阻,弹簧压力适当,如图3-22所示。

图3-22 直流电动机内部检查

(3)检查摩擦联结器:摩擦带与内齿轮伸出部分应保持清洁,不得有锈蚀或沾油。

(4)检查挤切销与齿条块:各孔内不得有铁屑及杂物,挤切销应固定在齿条块圆孔内的台上,不得顶住或压住动作杆。

(5)检查测试顶杆与移位接触器:配线整齐,无断股,线头不松动。当顶杆与移位接触器触头间隙为1.5mm时,接点不应断开;当顶杆与移位接触器触头间隙为2.5mm或用备用销带动道岔试验时,移位接触器接点应断开,非经人工恢复不得接通电路。

(6)检查自动开闭器:基座完整无裂纹,安装牢固;动、静接点不松动;静接点长短一致,相互对称,接点片没有变形扭斜;接点罩清洁明亮,无裂纹;动接点在静接点片内的接触深度不得小于4mm。自动开闭器检查如图3-23所示。

步骤三:梳理测试与调整项目。

(1)调试表示缺口。

标准要求:在道岔尖轨密贴调整好后应按照相应标准调整检查柱与表示缺口的间隙。调整时应使检查柱处在表示缺口的中间,两侧间隙应均匀,为(1.5±0.5)mm。缺口间隙的大小可在接点座上方俯视直接进行观察。

图 3-23　自动开闭器检查

调整方法：

表示杆缺口的调整：调整原则为先进行主杆(伸出位)调整,再进行副杆(拉入位)调整。调整尖端杆舌铁两侧大螺母,调整活节螺栓两侧螺母即可。

表示杆副杆(拉入位)调整：先拧松前后表示杆的横穿螺栓,再拧动表示杆后端调整螺栓,调整两检查块间的缺口距离。

表示杆主杆(伸出位)调整：调整尖端杆舌铁两侧大螺母,调整活节螺栓两侧螺母即可,如图 3-24 所示。

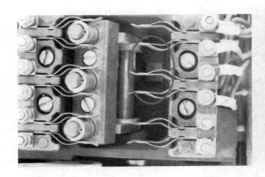 

图 3-24　表示杆缺口观察与调整

(2)调试电压、电流。

标准要求：测试并记录定反位工作电压及摩擦电流,转换道岔时所测试的电压为动作电压,应不小于 160V；转换道岔时测得的电流为工作电流,应不大于 2A。

调整方法：拧紧或松开图 3-25 中摩擦联结器两侧螺母的位置。通过调整螺母对弹簧的压力,调节弹簧调整对夹板的压力,进而调节夹板对摩擦带的压力大小,调整摩擦电流。即拧紧螺母时摩擦电流上升,松开螺母时摩擦电流下降。摩擦电流调整和电流、电压测试如图 3-25 所示。

(3)测试密贴。

标准要求：2mm 锁闭,4mm 不锁闭。

图 3-25　摩擦电流调整和电流、电压测试

测试方法：在牵引点中心线处密贴尖轨与基本轨间插入道岔密贴检查尺 2mm，道岔锁闭；在牵引中心线处密贴尖轨与基本轨间插入道岔密贴检查尺 4mm，道岔不锁闭，如图 3-26 所示。

步骤四：梳理注油点。

在注油前，应先清理转辙机内部多余的油脂。注油应使用规定的润滑脂和润滑油，零部件的润滑直接关系到转辙机是否正常工作。参考注油点如图 3-27 所示。

图 3-26　道岔密贴状态测试　　　　　　图 3-27　参考注油点

说明：①电动转辙机锁闭注油螺栓；②安全接点拐臂注油螺栓；③动接点拐臂注油螺栓；④速动片注油处；⑤检查柱注油处；⑥转换齿条、齿轮注基脂；⑦减速器注油孔；⑧内表示杆注油孔；⑨内动作杆注油孔。

> **视野拓展**
>
> 不同地点转辙机故障后对运营的风险等级是不同的，因此对于以上维护项目，不同地点转辙机的维护频率是不同的，应有针对性的维护策略，以最大程度降低运营风险。

准备工作2　梳理 ZD(J)9 转辙机维护项目

步骤一：梳理外部维护项目。

（1）检查安装装置：要求长角钢应与直股基本轨垂直,短基础角钢应与长基础角钢垂直,无裂纹,螺栓紧固。

（2）检查锁闭框：两侧基本轨上锁闭框应处于同一中心线上,在道岔转换过程中锁闭杆与锁闭框无卡阻,不扭曲。锁闭框固定良好,无裂纹。

（3）检查锁闭杆、表示杆：锁闭杆连接应平直,与绝缘板、夹板配合良好；道岔锁闭杆、动作连接杆与锁闭框中心线应在同一条直线；表示连接杆与表示杆在同一直线,尖端铁连接牢固、螺母不松动；锁闭杆导槽内清洁、油润、无异物、无油泥,没有明显磨痕、裂痕,如图 3-28 所示。

（4）检查各部连接螺栓、螺母、防松帽、开口销。基本轨与尖轨密贴检查：道岔尖轨与基本轨的密贴状态应良好,第一牵引点尖轨与基本轨密贴时缝隙不大于 0.5mm,如图 3-29 所示。

图 3-28　ZD(J)9 转辙机外部部件检查　　图 3-29　基本轨与尖轨密贴检查

步骤二：梳理内部维护项目。

（1）转辙机内部清理：内部各部件整洁无杂物、水迹。清扫安全接点接线柱附近及万可(WAGO)端子排,应无金属粉末等杂质附着,如图 3-30 所示。

（2）转辙机内各部件安装检查：各部件螺栓、螺母紧固良好,动作杆、表示杆动作平顺、无卡阻。转辙机动作过程中滚珠丝杠不旷动,两端轴承良好。

（3）擦拭启动片、速动片和滚轮：使用手摇把摇动转辙机,用干净的布擦拭启动片、速动片和滚轮,要求启动片、速动片和滚轮无杂质、清洁,如图 3-31 所示。

图 3-30　安全接点检查

启动片
滚轮

动作板
速动板

图 3-31　启动片与速动片间隙检查

步骤三：梳理调整与测试项目。

(1) 表示缺口调试。

标准要求：使用表示缺口检查专用塞尺检查表示杆缺口与锁闭柱间隙，其范围为 $(2±0.5)$ mm，如图 3-32 所示。

图 3-32　表示缺口检查与调整

调整方法：如不合适，则分动表示杆（分动锁闭杆）的调试方法：在转辙机拉入锁闭或伸出锁闭位置，调整和表示杆（锁闭杆）相连接的外部连接杆件，直至锁闭柱（检查柱）落入检查缺口且两侧间隙对称，然后锁紧调节部位即可。

(2) 测试项目。

绝缘测试：测量转辙机电机引线与大地间的绝缘电阻值，使用兆欧表或绝缘测试仪在分线柜相应的位置测量。测试方法：如使用兆欧表，将 E 端接机柜地线，L 端分别接需测量的转辙机的 ×1、×2、×3、×4、×5，测量过程应该以 120r/min 的速度匀速摇动绝缘测试表摇把，记录绝缘电阻值，测量结果应大于 20 兆欧。

摩擦力测试与调整：使用摩擦力测试仪进行测试，要求符合规定标准。调整方式为：调整摩擦力之前，须打开安全开关，切断启动电源，然后通过调整摩擦联结器来调整摩擦力。即用摇把转动摩擦联结器，找到调整齿轮的固定压片，然后用专用工具松开固定压片的螺栓进行调整,如图3-33所示。

 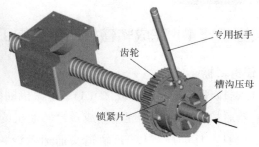

图3-33 摩擦力测试与调整

电压电流测试:电力搬动转辙机,使用数字万用表交流电压挡在分线盘进行电压测量;使用万用表交流电流挡,将表笔分别放在转辙机安全接点两端,扳动道岔测量电流。测试数据应符合转辙机正常工作的范围要求,如图3-34所示。

步骤四:梳理并标明注油点。

在注油前,应先清理转辙机内部多余的油脂。例如摩擦联结器上传动齿轮与摩擦联结器相联处的油脂,以免渗入摩擦联结器中,影响摩擦性能,如图3-35所示。

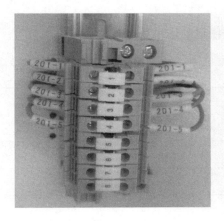 

图3-34 电压电流测试　　图3-35 清理摩擦联结器溢出油脂

注油应使用规定的润滑脂和润滑油,零部件的润滑直接关系到转辙机是否正常工作。主要注油点包括:传动齿轮、推板套两滑动面、锁块及锁闭铁、滚珠丝杠、丝杠螺母、动作杆、表示杆、阻尼机构、动作杆、锁闭(表示杆)外露部分、动作板滚轮滑动面、滚轮、速动片、锁闭柱、检查柱、动作杆注油孔、方孔套注油孔。

团队合作	以小组为单位,用思维导图的方式或列表方式,对比ZD6转辙机和ZD(J)9转辙机的维护项目的相同点和不同点。
学习笔记	

任务实施

实施工作1　完成转辙机日常维护工作

任务目标

根据梳理出来的 ZD6 或 ZD(J)9 转辙机的维护项目,按照高效作业原则顺序编制记录表格,然后按照表格内容逐项完成一台转辙机的维护工作。具体为:

(1)核实标准规范《城市轨道交通运营设备维修管理规范》(DB11/T 1345—2016)中关于转辙机维护的要求,不要漏检漏修。

(2)以条目的形式编制维护表格。要求表格在维护过程中可以随时携带和填写,对维护情况可以进行有效记录。

相关说明

城市轨道交通由国家、地方、企业统筹规划设计,其运营受到国家、地方、企业相关的法律法规的要求。此外,国家、行业主管部门又对信号工的工作给出具体管理规定,明确了信号工的法律责任。信号工个人素质重要的外在表现就是对法律法规的严格遵守。

软件演示
ZD6转辙机维护

软件演示
ZD(J)9转辙机维护

步骤一:查阅标准规范,记录其中对转辙机的维护内容要求。

维护周期:_____

维护内容:_____

_____

_____

_____

_____

步骤二:分析维护风险和物资。

(1)预判维护工作中可能遇到的风险并提前防护。

风　　险:_____

防护措施:_____

(2)梳理维护过程中需要的工具、物料、专用设备等。

工　　具:_____

物　　料:_____

专用设备:_____

步骤三:编写维护表格(表3-17),并对应完成维护任务。

_____转辙机维护记录表　　　　　表3-17

站名：　　　　　道岔编号：　　　　　检修人：　　　　　检修日期：

维护内容		要求	使用工具	检验结果	处理意见
外部检查	安装装置检查				
	锁闭框检查				
	检查转辙机连接杆件	动作杆要求：			
		表示杆要求：			
	锁闭铁、锁钩检查	锁闭铁要求：			
		锁钩要求：			
	基本轨与尖轨是否密贴	第一牵引点尖轨与基本轨密贴时缝隙不应大于_____mm。			
	螺栓	位置与紧固要求：			
	转辙机结构紧固情况	锤依次敲击_____等机械部件，声音应清脆，无松动、裂纹。			
	其他补充项目				
内部检查	安装及配线	清理要求：			
		安装紧固要求：			
		配线要求：			
	自动开闭器	安装检查要求：			
		动接点切入深度要求：不小于_____mm。			
	平面间隙检查	手摇道岔，用塞尺测量定位启动片尖端与速动片上的平面间隙，应在_____mm范围内。			
	其他补充项目				
测试与调整	表示缺口调整	定位、反位缺口标准范围为_____±_____mm			
	锁闭测试	_____mm锁闭试验，_____mm不锁闭试验。			
	摩擦力测试	摩擦力调整要求：			
	绝缘测试	测量结果应大于_____兆欧。			
	其他补充项目				
注油	清洁后注油	清洁油污位置要求： 注油点位置要求：			
	其他补充项目				

• 实施工作2 完成转辙机专项维护工作

步骤一：完成转辙机动作电流曲线分析的专项维护项目（表3-18）。

转辙机动作电流曲线分析的专项维护项目　　　　表3-18

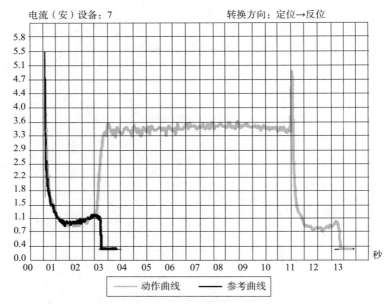

转辙机动作电流曲线是反映道岔运用质量的一个重要指标。日常微机监测数据调看时，应对每组道岔的动作电流曲线详细调看，对比、分析参考曲线，以便随时掌握道岔的电气性能。下面以ZD6转辙机故障动作电流曲线为例进行分析。

分析上图，在正常情况的参考曲线中，转辙机电流的持续时间约为_____秒；实际动作曲线中，故障转辙机电流的持续时间约为_____秒。即道岔定位往反位扳动时，在快要锁闭时，电流突然（升高□　降低□）到_____A范围内，转辙机持续空转_____秒，被_____继电器切断。判断很可能存在尖轨夹异物的问题，属于（室内□　室外□）故障。

步骤二：常见机械部件更换记录。

更换部件名称：_____

故障部件S/N号记录：_____

新部件S/N号记录：_____

说明：更换故障部件前，需要检查新旧部件型号是否一致，更换中保持新部件接触良好，更换后要进行转辙机功能测试，确保各指标、功能符合标准要求。

步骤三:进行维护反思。

针对实际维护过程,梳理维护计划和维护内容,对其中的疏漏进行补充与完善。

_____
_____
_____
_____
_____
_____
_____

填写要求说明:转辙机维护完成后,对维护情况进行总结,对不合格项目的产生情况进行分析,并提出预防措施的建议。所有维修测试数据均应进行妥善存储。

前沿技术	转辙机是传统设备,但由于其安全关键性,很多维修的新技术不断应用其中。例如:基于视频图像识别技术的转辙机缺口检测技术等,已逐步应用于各类转辙机的使用过程中,以实时监控设备关键参数。请查一查,转辙机维护过程中应用的先进技术还有哪些?
学习笔记	 动画演示 水淹道岔故障应急处置

任务评价

班级：　　　　姓名：　　　　学号：　　　　指导教师：

考核项目	完成转辙机维护			
序号	评价标准	分值	自评得分（40%）	教师评分（60%）
1	任务实施部分填写字迹美观清晰，题目填写齐全，作图完整美观。	10		
2	能够主动梳理ZD6转辙机、ZD(J)9转辙机的维护内容，用思维导图的方式或列表方式对比维护项目的相同点和不同点。	10		
3	能够按照维护内容，条理清晰地完成ZD6转辙机的维护内容，没有漏检漏修项目，并准确填写维护记录表。	20		
4	能够按照维护内容，条理清晰地完成ZD(J)9转辙机的维护内容，没有漏检漏修项目，并准确填写维护记录表。	20		
5	能够完成转辙机动作电流曲线分析的专项维护，分析不同电流曲线的对比分析，初步确定故障位置。	20		
6	能够对本次任务进行总结与反思，给出改善和优化意见。	10		
7	能够主动查找前沿技术资料，分享转辙机维护工作中的新技术、新方法。	10		
	合计	100		

任务总结

项目拓展及演练

演练要求

以小组为单位完成以下任务:首先,了解地铁运营企业的实际故障;然后,编写应急抢修演练脚本,明确在应急抢修过程中每个职位的工作任务;最后,分角色进行演练,需要在规定时间内,按照应急抢修流程完成故障处置和修复工作。

职业准备

在处置大型故障时,经常会涉及多部门多专业之间的合作,需要每位参与故障抢修的人员发挥团队协作精神,保持奉献精神和务实作风,集中力量攻坚克难,将财产损失降到最低。

一、故障应急抢修演练

1. 了解故障现象

某车辆段调度员在安排列车发车,通过35号道岔到达牵出线后,在ATS上发现35号道岔红闪报警,后续进路无法办理。

2. 确认故障影响

转辙机故障修复期间该道岔不可用。此故障将造成后续部分列车无法出库运营,导致正线列车可用率下降,既有列车运营压力增大。

挤岔事故应急处置

3. 组织现场故障处置(表3-19)

现场故障处置　　　　　　　　　　表3-19

时间	事件
11:08	值班信号维修技术员接到故障报警中心通知,车辆段当值调度员在鼠标台上发现场区35号道岔红闪,疑为挤岔所致。
11:10	组织成立快速应变小组,由信号高级维修工程师担任事故工程师,由信号维修工程师担任现场带队工程师,在事故工程师的指引下,完成设备抢修工作。
11:12	信号维修技术员带齐应急抢修工具、仪表、材料、防护用品和手台等通信工具到达车辆段登记了解故障情况。
11:16	信号维修技术员将故障现象汇报给事故工程师,事故工程师指示立即排查,执行事故处理预案。
11:20	事故工程师在ATS上查看对应时间点的回放,发现列车通过35号道岔时,道岔的开通位置不正确,造成顺向挤岔。
11:23	事故工程师联系现场带队工程师,重点检查35号道岔ZD6转辙机的内部机械结构和外部杆件。
11:30	现场带队工程师到达现场后,发现道岔处于四开状态。打开转辙机后,发现挤脱器被挤脱、动接点组被顶起、外表示杆变形。

续上表

时间	事件
11:35	线路专业人员、车辆段专业人员已到达现场,经三个专业部门共同确认为挤岔事故。信号工作队已开始按照挤岔故障处理流程进行处置。
11:52	信号工作队在确认挤岔故障后,开始对 ZD6 转辙机进行检查,在检查转辙机内部时,明确挤岔后,主副挤切销均已受损,对主副挤切销进行更换。
12:10	信号工作队检查表示连接杆,发现已有变形,其他各杆件未见异常变形。对转辙机表示杆进行更换。
12:15	信号工作队更换完成转辙机受损部件后,通知车辆段调度员进行道岔测试,动作正常、运作平稳,室内信号人员反馈观察转辙机动作电流曲线正常。
12:20	信号带队工程师反馈事故工程师,线路专业在测量 35 号道岔后,发现道岔尖轨出现约 12cm 裂纹,需更换尖轨。信号工作队需对新尖轨的导接线重新焊接。
12:40	信号工作队技术员申请动火作业,准备好焊接工具。
13:30	线路人员组织对尖轨进行更换。信号带队工程师对导接线进行重新焊接。
14:00	信号工作队反馈钢轨导接线焊接完成,转辙机修复完毕。事故工程师指示对转辙机各项功能进行测试,对转辙机的室内外一致性进行测试。
15:00	各专业共同确认场区 35 号道岔维修完毕,恢复正常。
15:30	信号带队工程师反馈事故工程师现场人员及物料出清,进行施工作业面的消记。事故工程师反馈故障修复。

4. 编写应急抢修演练脚本

根据故障时序,编写应急抢修演练脚本,明确到每个职位的工作内容,注意使用标准用语。

二、组织故障调查和后续跟进行动

1. 故障调查

(1)故障设备更换。

本次挤岔故障为车辆段调度及列车司机未按照流程执行相关安全行车制度。故障为顺向挤岔,列车顺向通过道岔,而道岔的开通位置不正确,列车一侧轮缘挤入尖轨与基本轨之间,使尖轨向线路内侧受力,发生挤岔。因为 ZD6 转辙机的挤切销设计,列车没有脱轨,但尖轨出现裂纹,如图 3-36 所示。

经现场信号及线路人员确认此道岔故障系挤岔所导致,对 35 号道岔的 ZD6 转辙机造成如下影响:ZD6 转辙机的挤切销及表示连接杆、表示杆被挤故障。损坏的挤切销如图 3-37 所示。

图 3-36　道岔尖轨出现裂纹　　　　图 3-37　损坏的挤切销

（2）事故回放调取。

信号维修技术员在 ATS 工作台上调取事故回放录像。记录挤岔事故经过：

11:02:17，车辆段调度员开通 D9 信号至牵出线的进路，可以看出此时 35 号道岔位置为定位，D36 信号机及 39 号道岔被红光带占用。

11:05:06，从信号回放可以看出 1G 的列车此时已经占用了 35 号道岔的轨道电路，但由于 35 号道岔在定位，所以不能正确显示红光带。

11:05:37，列车已经通过 D9 信号机，并且 35 号道岔已经不能正确显示位置，此时列车已将道岔挤坏。

2. 故障结论

本故障定义为：人因故障，车辆段调度员指挥呼叫了错误列车，列车司机没有确定车号、道岔位置、进路信息，最终造成挤岔事故。这是以上两个职位人员的共同责任。

3. 后续跟进行动

（1）信号、线路部门跟进行动：定期进行应急演练，完善应急预案。检查对应的应急备件、应急工具、备用转辙机、钢轨的物料情况。

（2）车辆段跟进行动：加强对当值车辆段调度员的教育和培训。

（3）司机跟进行动：加强对司机的教育和培训。

（4）其他建议：_____

_____

三、应急演练总结与复盘

演练人员的操作：迅速□　　迟缓□　　说明：_____

演练方案及程序：符合要求□　　有欠缺□　　说明：_____

演练相关设备运行情况：操作正常□　　操作不熟悉□　　说明：_____

演练中各角色的配合情况：流畅□　　有待改进□　　说明：_____

需改善的建议：_____

知识与技能自测

一、判断题

1. ZD6 转辙机的齿条块有 6 个齿 7 个齿槽。（ ）
2. ZD(J)9 型电动转辙机表示口的标准范围为 (2 ± 0.5) mm。（ ）

二、选择题

1. ZD6 转辙机行星变速器的变速比是（ ）。
   A. 31∶1　　　　B. 52∶1　　　　C. 41∶1　　　　D. 40∶1
2. ZD(J)9 转辙机额定电压是（ ）。
   A. 160V　　　　B. 380V　　　　C. 220V　　　　D. 400V
3. ZD6 电动转辙机用于检查尖轨是否密贴以及在定位还是反位，并给出表示的是（ ）。
   A. 表示杆　　　　B. 摩擦联结器　　　　C. 电动机　　　　D. 锁闭装置

三、填写 ZD6 和 ZD(J)9 转辙机内部元件的名称

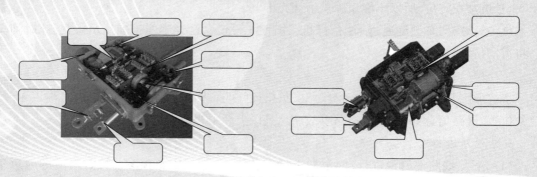

四、综合题

1. 简述转辙机的功能。在城市轨道交通正线和车辆段中，有哪些常见类型的转辙机？
2. 查一查，在地铁运营中，有哪些重大的运营安全事故是由转辙机故障造成的？举一个典型的案例，分组讨论如何维护能够避免。

综合题记录区域

维护轨道电路

项目4

城市轨道交通信号基础设备维护

项目要求

轨道电路能够检测列车占用轨道区段的情况,明确列车占用的区段位置,是信号系统的重要基础设备之一。在本地铁线路中,信号维修技术员接到任务,要求完成车辆段和停车场区域内轨道电路区段的统计工作,并完成一个区段轨道电路的标准维护工作。

项目说明

轨道电路的标准维护是城市轨道交通信号维修技术员的最基本和最重要的职业技能之一。完成该任务,首先,需要梳理轨道电路的使用地点和区段划分情况;其次,收集本线路使用的轨道电路资料,了解其工作原理、设备构成,准备好维护备件;最后,按照标准规范梳理维护项目并完成维护任务。

学习目标

知识目标

1. 理解轨道电路的作用，认识不同类型轨道电路的外观和结构。
2. 掌握轨道电路区段布置规则。
3. 掌握轨道电路的日常维护项目，复述维护内容。

能力目标

1. 认识轨道电路的功能和作用，能区分不同类型轨道电路的特点。
2. 能理解轨道电路的原理构成、划分命名。
3. 能够完成相敏轨道的日常维护项目，说明维护的内容和重点。

素质目标

1. 具备吃苦耐劳的劳动精神。
2. 严格遵守各项规章制度、劳动纪律和作业规程。
3. 以责任感为主要导向，履行好职责，准确而仔细地完成工作。

工匠引领

轨道电路介绍

 建议学时

8 学时（每任务 4 学时）。

任务4.1　统计轨道电路区段

接受任务

本任务中，信号维修技术员需要完成所辖车辆段和停车场区域内的轨道电路设备识别和区段统计工作，现场图片如图4-1所示。通过查找图纸和技术规格书等资料，收集轨道电路的工作原理，辨识轨道电路的布置和名称，规范完成轨道电路区段的统计工作。

图4-1　现场轨道电路

任务准备

● 准备工作1　收集轨道电路基本信息

查找《轨道电路技术规格书》，整理轨道电路的结构、原理、作用、分类等信息。

1. 轨道电路结构

轨道电路用于检测列车运行情况或作为后备模式使用。它是以轨道线路的两根钢轨作为导体，两端加以机械绝缘（或电气绝缘），接上送电和受电设备构成的电路，对列车占用轨道区段的情况进行检测，明确列车占用的区段位置。最简单的单一区段轨道电路结构如图4-2所示。

动画演示

轨道电路构成

对照图4-2，梳理各个部件的名称和功能如表4-1所示。

2. 轨道电路工作原理

通过轨道继电器的状态，反映线路是否有列车占用，说明如下。

当轨道电路设备完好，又没有列车占用时，轨道电流从电源正极经钢轨、轨道继电器线圈回到负极而构成回路，继电器处于吸起状态，表示轨道区段内无列车占用。此状态称为轨道电路空闲状态，如图4-3所示。

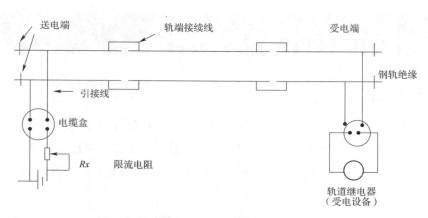

图 4-2 单一区段轨道电路结构

轨道电路结构梳理 表 4-1

序号	名称	作用	说明
1	钢轨	两条钢轨,是传输轨道电流的导体	两节钢轨接头处,为减少钢轨与钢轨夹板间的接触电阻,用轨端接续线连接
2	钢轨绝缘	安装在相邻两个轨道电路衔接处的绝缘部件	在钢轨与钢轨夹板间垫有槽形绝缘板,夹板螺栓与夹板之间装有绝缘套管和绝缘垫圈
3	送电设备	电源,用于向轨道电路供电	也可以是简单发送一定信息的电子设备,通过轨道电路向列车传递行车信息
4	受电设备	轨道继电器	用于反映轨道电路范围内有无列车占用和钢轨是否完整
5	限流电阻	连接在轨道电路电源端,用来调整轨道电路的电压	当轨道电路被列车的轮对分路时,能防止输出电流过大而损坏电源

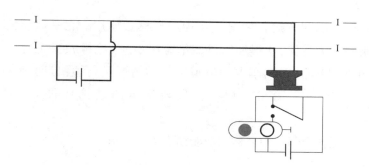

图 4-3 轨道电路空闲状态(亮绿灯)

当轨道区段内有列车占用时,因为车辆的轮对电阻比轨道继电器线圈电阻小得多,所以轨道电路被轮对分路,这时流经继电器线圈的电流很小,不足以使衔铁保持吸起,继电器失磁落下,表示该区段有列车占用。此状态称为轨道电路分路状态,如图 4-4 所示。

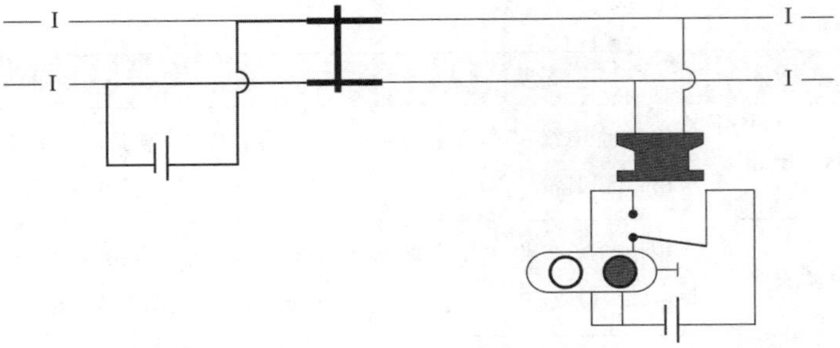

图 4-4 轨道电路分路状态（亮红灯）

头脑风暴 根据轨道电路的原理，以小组为单位讨论：如果发生轨道断裂事故，轨道电路能检测出断轨状态吗？断轨状态下轨道电路继电器是什么状态？为什么？

3. 轨道电路的作用

监督列车占用：利用轨道电路监督列车在正线或列车在车辆段等线路的占用状态。轨道电路反映有关线路空闲时，为开放信号、建立进路、构成闭塞提供了依据；轨道电路被占用时，用于实现控制有关信号机的自动关闭，实现信号系统的自动控制，例如相敏轨道电路。

传输行车信息：例如数字编码式音频轨道电路中传输的行车信息，为 ATP 系统直接提供控制列车运行所需的前行列车位置、运行前方信号状态、线路条件等信息，以确定列车运行的目标速度，控制列车在当前运行速度下是否减速或停车。

4. 轨道电路的分类

依据文件，梳理形成轨道电路分类对照表，如表 4-2 所示。

轨道电路分类对照表　　　　　　　　　　　　　　　　　　　　表 4-2

划分依据	类型	说明	备注
供电方式	直流轨道电路	极性脉冲轨道电路等	已淘汰
	交流轨道电路	50Hz 整流轨道电路、25Hz 相敏轨道电路等	为现阶段主要采用的轨道电路类型
传送的电流特性	工频轨道电路	模拟式音频轨道电路	轨道电路中传送连续的交流电流，唯一功能是监督轨道占用与否，不能传送更多信息
	音频轨道电路	数字编码式音频轨道电路	采用数字调频方式，编码包含速度码、线路坡度码等，可以传输更多的信息
轨道电路内有无道岔	无岔区段轨道电路	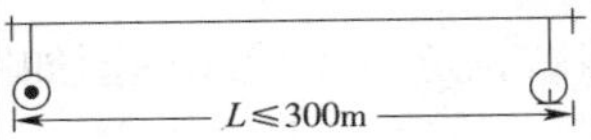 $L \leq 300m$	无岔区段轨道电路内钢轨线路无分支，构成较简单，即送电设备和受电设备均为一套
	道岔区段轨道电路	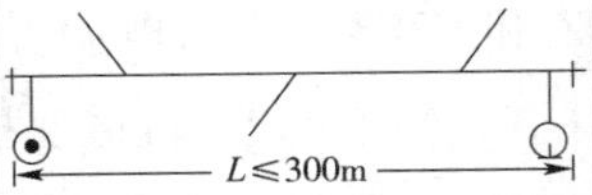 $L \leq 300m$	包括一送两受和一送多受轨道电路，为道岔区段，左图为一送三受轨道电路。最多不应超过三个受电端

续上表

划分依据	类型	说明	备注
分割方式	有绝缘轨道电路	用钢轨绝缘将本轨道电路与相邻区段隔离	钢轨绝缘在车辆运行的冲击力、剪切力作用下很容易破损,轨道电路的故障率较高
	无绝缘轨道电路	用电气隔离将本轨道电路与相邻区段隔离	采用不同的信号频率,谐振回路对不同频率呈现不同阻抗,实现相邻轨道电路间电气隔离
牵引电流的通过路径	单轨条轨道电路	一根钢轨作为牵引电流回线	受牵引电流流过的干扰较大,建设成本低,相对功耗小
	双轨条轨道电路	两根钢轨并联传递牵引电流	利于信号的传输,设备运行相对稳定,但缺点是造价较高,维护较复杂

● 准备工作2　收集本地铁线路轨道电路信息

本地铁线路仅在车辆段和停车场区域内使用轨道电路设备,所选型号为单轨条式 WXJ-50 型微电子相敏轨道电路。其主要特点是抗干扰性能好、设备简单、维修方便,以及在直流电力机车牵引区段安全可靠等(地铁列车一般为直流牵引)。因此,需要重点收集单轨条式 WXJ-50 Ⅱ 型微电子相敏轨道电路的信息。

查阅承包商提供的《单轨条式 WXJ-50 Ⅱ 型微电子相敏轨道电路技术规格书及设计文件》,整理技术条件、电路原理、主要部件、划分和命名方式等信息。

1. WXJ-50 Ⅱ 相敏轨道电路技术条件

WXJ-50 Ⅱ 型微电子相敏轨道电路接收器工作电源为直流(24 ± 3.6)V,交流分量不大于 1V,可由电源屏供给,也可另加独立整流电源供给。每套接收器耗电小于 100mA(包括驱动 JWXC-1700 型轨道继电器的电流)。

WXJ-50 Ⅱ 型微电子相敏轨道电路接收器局部电源为 110V/50Hz,由电源屏或另加独立整流电源供给。每套接收器局部输入阻抗为 30kΩ,输入电流约为 3.7mA。

该型号轨道电路具有可靠的绝缘破损防护性能。轨道输入采用调相防雷变压器,具有较强的雷电防护能力。显示轨道占用状态的执行继电器(GJ)为 JWXC-1700 型继电器。

2. WXJ-50 Ⅱ 型相敏轨道电路的电路原理图

查阅对应原理图纸,单轨条式 50Hz 相敏轨道电路的原理图如图 4-5 所示。

原理图说明如下:

局部电源(JJZ 和 JJF)和轨道电源(GJZ 和 GJF)分别由电源屏提供,且局部电源相位超前轨道电源 90°。送电端轨道电源 GJZ_{220}、GJF_{220} 经节能器、轨道变压器降压后送至钢轨。受电端经中继变压器升压后送至调相防雷器(TFQ),再送至两台 WXJ-50 Ⅱ 型微电子相敏接收器。两台接收器双机并用,只要有一台接收器有输出,轨道继电器 GJ 即吸起,实现故障冗余。

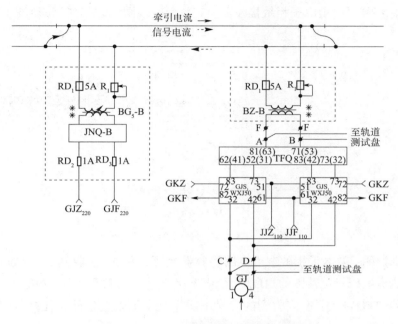

图 4-5　WXJ-50 Ⅱ 型相敏轨道电路原理图

| 头脑风暴 | 观察轨道电路工程图纸中的各部件的缩写,以小组为单位讨论其中英文字母的对照含义,说明每个部件英文简写的命名规律。 |

3. WXJ-50 Ⅱ 型相敏轨道电路主要部件

(1)室外主要部件:室外箱盒。查找其配线图,如图 4-6 所示。

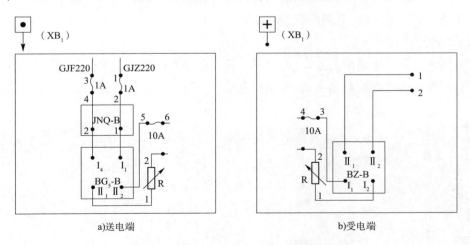

图 4-6　轨道电路室外送电端、受电端箱盒配线图

查阅图纸说明: 图 4-6 中左边为送电端箱盒配线图,右边为受电端箱盒配线图。送电端

箱盒内为电源变压器,受电端箱盒内为中继变压器,JNQ 为节能器,R 为防护电阻(送电端 R 同时又是限流电阻),另外还配置了熔断器。

(2)室内主要部件:微电子相敏接收器。查找其配线图,如图 4-7 所示。

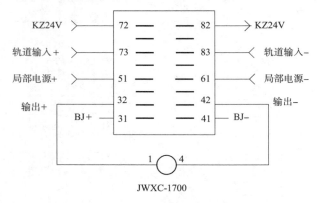

图 4-7　WXJ-50Ⅱ型微电子相敏接收器

查阅图纸说明：微电子相敏轨道电路接收器判断条件为:接收到 50Hz 轨道信号,且局部电压超前轨道电压一定范围的角度时,微电子接收器使轨道继电器 GJ 吸起。相位调节是由调相防雷器(TFQ)控制的,当收到的信号不能完全满足以上条件时,继电器落下,显示轨道占用状态。

4.轨道电路划分和命名方式

轨道电路需要使用钢轨绝缘划分为互不干扰的独立电路单元,称为轨道电路区段。查找车辆段信号设备平面布置图对轨道电路的划分和命名方式。

(1)划分原则。

凡有信号机的地方,均装设钢轨绝缘,将信号机的内外方划分为不同区段。

凡能平行运行的进路,其间应设钢轨绝缘。

(2)命名方式。

有道岔区段轨道电路命名方式:道岔区段轨道电路根据所包含的道岔名称来命名。

无岔区段轨道电路的命名方式:按照股道编号、功能、调车信号机名称、两边的道岔编号等命名。

视野拓展	除了本地铁线路使用的 WXJ-50Ⅱ型相敏轨道电路,查一查还有哪些不同类型的轨道电路？在功能实现上,有哪些区别？
学习笔记	

任务实施

结合信号设备平面布置图和实际勘察情况,完成场段轨道电路区段的数量统计工作,并规范记录其名称。要求如下:

(1)识读工程实际图纸中轨道电路的布置,依照不同轨道电路区段,按标准记录其名称和所在位置。

(2)测量轨道电路相邻区段的极性交叉情况,分析极性交叉设计的原因。

● 实施工作1 统计轨道电路名称

以工程实际图纸为例,在记录单(表4-3)上写出对应轨道电路的名称。

记录单　　　　　　　　　　　　　　　　　　　　　　　　　表4-3

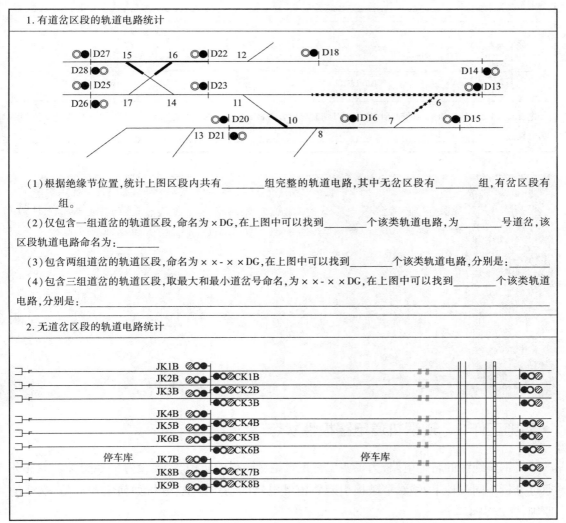

1. 有道岔区段的轨道电路统计

(1)根据绝缘节位置,统计上图区段内共有_____组完整的轨道电路,其中无岔区段有_____组,有岔区段有_____组。

(2)仅包含一组道岔的轨道区段,命名为×DG,在上图中可以找到_____个该类轨道电路,为_____号道岔,该区段轨道电路命名为:_____。

(3)包含两组道岔的轨道区段,命名为××-××DG,在上图中可以找到_____个该类轨道电路,分别是:_____。

(4)包含三组道岔的轨道区段,取最大和最小道岔号命名,为××-××DG,在上图中可以找到_____个该类轨道电路,分别是:_____。

2. 无道岔区段的轨道电路统计

续上表

	停车线股道轨道电路区段按照股道编号命名，如×AG 和×BG。在上图中共有_____个该类轨道区段，命名分别是：_____
	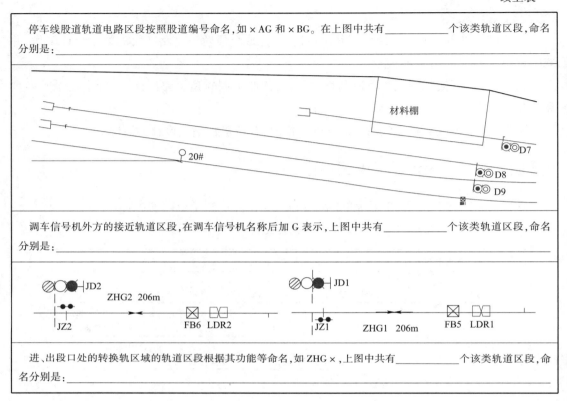
	调车信号机外方的接近轨道区段，在调车信号机名称后加 G 表示，上图中共有_____个该类轨道区段，命名分别是：_____
	进、出段口处的转换轨区域的轨道区段根据其功能等命名，如 ZHG×，上图中共有_____个该类轨道区段，命名分别是：_____

想一想	为了提高列车运行效率，可以将轨道电路的区段适当划短，通过增加区段数量，使道岔区段能及时解锁，允许办理其他进路。请在轨道电路统计过程中，检查在车辆段、停车场中哪些区段的轨道电路会短一些？为什么？
学习笔记	

● 实施工作 2　辨识轨道电路极性状态

有钢轨绝缘的轨道电路，为了实现对钢轨绝缘破损的防护，需要设置极性交叉。本任务通过分析不同设计下，绝缘节破损引起轨道继电器的动作情况，分析如何实现故障-安全的原则，完成表 4-4。

对比分析不同类型的轨道电路极性状态

表4-4

观察两种不同设计,分析每种设计在绝缘节破损时引起轨道继电器的动作情况。 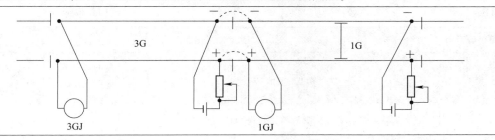
观察上图,轨道电路绝缘节两边各有_____个轨道电源供电,绝缘节两边电流极性:相同□ 不同□。 当1G有车占用,如发生中间的绝缘双破损故障,由于绝缘节两边电流方向(相同□ 不同□),1G和3G的电流等于两轨道电源所供电流之(和□ 差□),这时候1GJ的线圈为:(得电□ 失电□),1GJ的状态为:(吸起□ 落下□);3GJ的线圈为:(得电□ 失电□),3GJ的状态为:(吸起□ 落下□)。 此时,1G和3G显示轨道区段的状态是:空闲□ 占用□。 该设计能否实现故障-安全:能□ 不能□
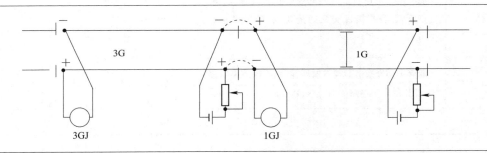
观察上图,轨道电路绝缘节两边各有_____个轨道电源供电,绝缘节两边电流极性:相同□ 不同□。 当1G有车占用,如发生中间的绝缘双破损故障,由于绝缘节两边电流方向(相同□ 不同□),1G和3G的电流等于两轨道电源所供电流之(和□ 差□),这时候1GJ的线圈为:(得电□ 失电□),1GJ的状态为:(吸起□ 落下□);3GJ的线圈为:(得电□ 失电□),3GJ的状态为:(吸起□ 落下□)。 此时,1G和3G显示轨道区段的状态是:空闲□ 占用□。 该设计能否实现故障-安全:能□ 不能□
结论:实地测量本地铁线路中轨道电路相邻区段的极性交叉情况为以上哪种?为什么?

任务评价

班级：　　　　　姓名：　　　　　学号：　　　　　指导教师：

考核项目		统计轨道电路区段		
序号	评价标准	分值	自评得分（40%）	教师评分（60%）
1	任务实施页填写字迹美观清晰，题目填写齐全，作图完整美观。	20		
2	在课堂讨论中，能够主动沟通，分享轨道电路的原理、作用，以及不同类型轨道电路的差异。	20		
3	能够标准记录所辖线路的所有轨道电路的名称，准确填写记录表。	20		
4	能够正确辨识轨道电路的极性状态，按照故障-安全原则，分析极性交叉的重要性，准确填写记录表。	20		
5	能够主动查找前沿技术发展，查找不同类型线路中，使用的轨道电路的新技术、新方法。	20		
	合计	100		

任务总结

_____

_____

_____

_____

_____

_____

_____

_____

任务 4.2　完成一个区段轨道电路的维护

接受任务

本任务中,信号维修技术员需要按照标准规范梳理车辆段和停车场内使用的 WXJ-50 II 型相敏轨道电路的所有维护内容,然后组织工作队完成一个区段的轨道电路的维护工作。

软件演示

轨道电路维护

任务准备

- **准备工作 1　分析轨道电路维护项目**

步骤一:梳理室外设备检查项目。

(1)检查各类线缆:包括钢轨引接线、导接线、道岔跨接线检查,要求外观完整,固定良好,对应点涂油。

(2)轨面电压测试:轨面电压的正常范围为 (5 ± 3) V。

(3)检查轨道电路箱盒内部。安装基础检查,要求基础完整,不倾斜,轨道名称及号码清晰;箱盒无裂纹,密封良好无漏水。箱盒内器材全部固定良好,变压器无过热现象,空开功能良好。轨道电路箱盒如图 4-8 所示。

(4)电压测试:箱盒内变压器电压测量包括:送电端、受电端变压器的一次电压范围、二次电压范围。送电端变压器的一次电压范围是 ≥AC 190V,二次电压范围 AC 5V±3V;受电端变压器的一次电压范围是 AC 0.23V~0.45V,二次电压范围一般为 AC(24±4)V,最低不得低于 AC 16V。如电压有异常,应进行线路检查或更换变压器。送电端变压器一、二次电压测量如图 4-9 所示。

图 4-8　轨道电路箱盒

步骤二:梳理室内设备检查项目。

(1)室内设备状态检查:观察轨道电路接收器前面板的状态指示灯是否点亮(绿色),确认轨道电路继电器吸起。对于绿色指示灯不亮、轨道继电器没有吸起的轨道电路区段,应弄清是因轨道占用还是设备故障。对于列车占用的轨道电路区段,应在列车出清后进行补测;对于因设备故障造成的红光带,应尽快查找并排除故障,恢复正常显示。

图4-9　送电端变压器一、二次电压测量

(2)室内测试:在室内检查轨道电路的接收电压、接收电压与局部电压的相位角、轨道继电器电源电压等。接收电压范围一般为AC(24±4)V,接收电压与局部电源的相位角范围为(0±30)°,轨道继电器电压范围为DC(25±4)V。部分轨道电路配置了监控单元,通过操作监控单元可以直接读取对应每个轨道电路区段的相应数据。监控单元没有办法检查的数据,应使用相位表,在对应组合柜后面的继电器接点处进行测量,如图4-10所示。

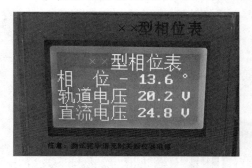

图4-10　使用相位表检查室内设备状态

步骤三:梳理室内外联合检查项目。

(1)轨道电路分路残压测量:室外用0.15Ω分路电阻对轨道电路分路,室内测量该轨道区段的分路残压应不大于AC 3.5V。

(2)极性交叉检查测试:凡进行涉及相位的维护作业过后(如更换钢轨引接线、调整变压器二次端子、更换变压器等),必须使用专用工具(如轨道电路极性交叉测试仪)对进行过维护的区段和相邻区段进行检查,确定相邻两段轨道电路极性保持交叉。测试仪有四条测试线,分别接于轨道电路绝缘节两端,可以非常方便地测试出该相邻两段轨道电路极性是否交叉。

●准备工作2　分析常见故障及故障处理方式

查看既有线的WXJ-50Ⅱ型相敏轨道电路的维护记录,总结轨道电路的常见故障,提前做好应对准备工作。轨道电路按其功能最终显示为两类故障:

轨道中无车而检测到有车,称为"红光带"故障,影响行车效率。轨道中有车而检测到无车,称为"分路不良",危及行车安全。需要对两类故障的处理方式分别总结分析。

1. 总结"红光带"故障现象及处理方式（表4-5）

"红光带"故障现象及处理方式　　　　　　　　表4-5

类型	故障现象	处理方式
多区段红光带	所有区段均红光带	重点检查是否电源屏出现故障，检查各路电源是否有输出。
	连续几个区段红光带	如几个区段的送电端或受电端共用同一条电缆，应重点查找此电缆径路，看电缆是否有断线。
	相邻两个区段红光带	重点查找两区段的分界绝缘是否破损。
单区段红光带	开路故障	检查从轨道室内送电开始到受电回到室内轨道继电器的中间是否出现断点。现象为从故障点到受电端电压下降，电流减小；故障点到送电端电压升高，电流减小。
	短路故障	检查轨道电路回路中两线间是否有任意一点混线短路。现象为从故障点到受电端电压下降，电流减小；故障点到送电端电压下降，电流增大。

2. 总结"分路不良"故障的处理方法

故障现象：

当线路出现"分路不良"的现象时，列车行驶至该区段后，轨道电路不显示红光带，在车站计算机或调度终端上不能监控列车的运行状态，系统不能检测到该段轨道电路被列车占用。

当后续列车接近有列车占用但出现轨道电路分路不良的区段时，列车检测到前方轨道有列车占用，不会减速停车，极易造成列车追尾事故。

若分路不良的区段为岔区，当后续列车接近时，系统将自动扳动道岔，排列进路，造成道岔上的列车脱轨或倾覆。

处理方式：

造成这种故障的原因，除了轨道电路本身达到"分路状态最不利条件"以外，还包括轨面不清洁、生锈等，这就需要多个专业共同确认解决。发现分路不良问题后，必须及时报告有关部门，严格执行有关要求，认真确认列车位置，锁闭有关道岔，确保办理列车运行和调车作业安全。

职业素养	实际工作中故障的种类可能是千变万化的，需要根据实际情况进行判断和处理，具体问题具体分析。同时不断总结归纳，提前做好故障应对准备，提高职业人员的前瞻性和创造性，秉持创新的态度去面对各种复杂故障，具备探索能力和创新能力。

任务实施

根据检修内容,制定检修计划表,完成一个轨道电路区段的标准维护任务。具体工作包括:

(1)查找标准规范《城市轨道交通运营设备维修管理规范》(DB11/T 1345—2016)中关于轨道区段维护的要求。

(2)按照任务准备环节中梳理的维护内容,完成维护记录表格的编制。要求表格在维护过程中可以随时携带和填写,维护项目以条目的形式体现,对测量结果可以进行有效记录。

微课演示

轨道电路维护

(3)对照表格完成轨道电路区段的维护工作,并规范记录实际数值和维护情况。

注意事项	车辆段、停车场内轨道电路的维护工作大部分在白天进行,且工作量较大。其中室外作业,受到自然环境因素影响较大,作业面周边随时出现执行调车作业的列车。因此需要建立吃苦耐劳的劳动精神,严格遵守规章制度、劳动纪律和作业规程,才能安全、合规地完成维护任务。

步骤一:查阅标准规范,梳理对相敏轨道电路的维护内容要求。

维护周期:_____

维护内容:_____

_____

_____

_____

_____

_____

_____

步骤二:分析维护风险和物资。

(1)预判维护工作中可能遇到的风险并提前防护。

风　　险:_____

防护措施:_____

(2)梳理维护过程需要的工具、物料、专用设备等。

工　　具:_____

物　　料:_____

专用设备:_____

步骤三:编制 WXJ-50 Ⅱ 型相敏轨道电路维护记录表(表4-6),并对应完成维护任务。

WXJ-50 Ⅱ 型相敏轨道电路维护记录表　　　　　表4-6

站名:　　　　　道岔编号:　　　　　检修人:　　　　　检修日期:

维护内容		作业标准	使用工具	检验结果	处理意见
室外设备检查	钢轨引接线检查				
	钢轨导接线检查				
	道岔跨接线检查				
	钢轨绝缘清扫及检查				
	安装基础检查				
	箱内配线检查				
	箱盒内器件检查				
	电压测试(送电端)	一次侧电压标准:_____		(　)V	
		二次侧电压标准:_____		(　)V	
	电压测试(受电端)	一次侧电压标准:_____		(　)V	
		二次侧电压标准:_____		(　)V	
	其他项目补充				
室内设备检查	电压测试	接收电压标准:_____		(　)V	
		继电器电压标准:_____		(　)V	
	相位	相位标准:_____		(　)°	
	轨道电路状态检查				
	其他项目补充				
室内外联合测试	分路残压测量	电压标准:_____		(　)V	
	极性交叉检查测试				
	其他项目补充				

步骤四:常见部件更换记录。

更换部件名称:_____

故障部件 S/N 号记录:_____

新部件 S/N 号记录:_____

说明:更换故障部件前,需要检查新旧部件型号是否一致,更换中保持新部件接触良好,更换后要进行轨道电路性能测试和极性交叉检查,确保各指标、功能符合标准要求。

步骤五:进行维护总结反思。

针对实际维护过程,梳理维护计划和维护内容,对其中的疏漏进行补充与完善。

_____

_____

_____

_____

_____

_____

_____

_____

_____

填写要求说明:对不合格项目的产生情况进行分析,并提出预防措施及建议。所有维护测试数据均应妥善存储。

新技术	轨道电路必须在钢轨上钻孔设计,会对日常维护施工产生各类影响。近年来我国已成功研制出轨道电路无孔联结器,是对轨道电路施工的一次创新。查一查轨道电路无孔联结器的原理和构成,以及它的优势有哪些方面?
学习笔记	

任务评价

班级：　　　　姓名：　　　　学号：　　　　指导教师：

考核项目		完成一个区段轨道电路的维护		
序号	评价标准	分值	自评得分（40%）	教师评分（60%）
1	能够主动沟通表达，准确查找标准规范资料的内容，复述三点以上对于相敏轨道电路的维护要求。	20		
2	能够按照维护内容，条理清晰地编写WXJ-50Ⅱ型相敏轨道电路维护记录表，没有漏检漏修项目。	20		
3	能够按照维护记录表，有条理地进行轨道电路的维护工作，并按照实际情况准确填写维护记录表。	20		
4	能够对本次任务进行总结与反思，形成完整的维护反思，给出改善和优化建议。	20		
5	能够主动查找前沿技术，分享在维护轨道电路中的新技术、新方法。	20		
合计		100		

任务总结

项目拓展及演练

演练要求

以小组为单位完成以下任务：首先，了解城市轨道交通运营企业的实际故障；其次，编写应急抢修脚本，明确在应急抢修过程中每个职位的工作任务；最后，分角色进行演练，需要在规定时间内，按照应急抢修流程完成故障处置和修复工作。

职业准备

一旦信号设备出现故障，信号维护技术员将面临一系列棘手的问题。信号维护技术员应急处理能力直接决定了整个城市轨道交通运营线路的安全、效率与服务质量。因此，信号维护技术员应当秉持着精益求精、不骄不躁的职业精神，完成轨道电路维护工作。

一、故障应急抢修演练

1. 了解故障现象

某车辆段试车线，在列车出清37G后进路未解锁，同时ATS操作台上显示多段轨道占用状态。

2. 确认故障影响

进路不解锁期间，该区段无法正常排列进路，故障区段非授权不可行车。影响车辆段对后续列车的正常试车作业工作。

3. 组织现场故障处置（表4-7）

组织现场故障处置　　　　　　　　　　　　　　　　表4-7

时间	事件
11:36	车辆段试车测试过程中，在列车驶往试车线的过程中，出清37G后，车辆段ATS显示37G进路未解锁。
11:43	当值车辆段管理员确认故障后，联系故障报警中心，故障报警中心联系信号维修技术员。
11:46	值班信号维修技术员接到故障报警中心通知：车辆段列车控制中心ATS终端显示试车线列车出清后进路未解锁。
11:48	信号维修技术员组织工作队进行抢修，工作队到达车辆段列车控制中心并回复，信号维修技术员已到现场。
11:50	信号维修技术员查看ATS回放记录，通报故障现场：车辆段调度员排列由JK4信号机向D13信号机的调车进路，且JK4信号机开放后，列车自牵出线经9-12DG、17DG1、37G、47DG1顺序进入试车线38G，但在占用37G后不久，37G出现短暂出清，而后又恢复成占用状态，此时列车实际位置已不在该区段。
11:55	信号维修技术员分析，在轨道电路中，需要满足顺序占用、顺序出清的关系，才能正常解锁进路。故障期间，由于不满足进路正常解锁的三点检查条件，故进路未能正常解锁。

续上表

时间	事件
12:00	信号维修技术员向车辆段控制中心反馈,初步判断此故障原因为:列车在37G轨道电路瞬间分路不良,造成列车出清后,进路未解锁。信号维修技术员申请到场区对37G轨道电路设备进行排查。
14:35	信号维护工作队到车辆段控制中心进行施工登记,现场排查37G轨道电路分路不良的原因。
14:50	信号维护工作队到场区,依照列车进路方向对17DG、37G、47DG1轨道电路进行逐段依次测试检查。
15:30	信号维修技术员在测试37G分路残压时,发现37G送电端一侧,自咽喉区出口至平交道口间的一段轨道用标准轨道分路电阻无法将轨道电路进行分路,此时测量分路残压数值为21.6V,超出标准残压数值。
15:45	信号维修技术员根据故障现象,判断为37G区段钢轨表面锈蚀,导致轨道电路分路灵敏度下降,造成列车占用37G时,轨道电路不能正常显示占用。待通过该区段后,此段进路未能正常解锁。
16:00	信号维修技术员观察对应轨面,发现故障区段轨面有较严重的锈蚀。
16:05	信号维修技术员进行消记,回复:检查通信信号设备未见异常,此问题非通信信号设备原因造成。

4. 编写应急抢险演练脚本

根据故障时序,编写应急抢修演练脚本,明确到每个职位的工作内容,注意标准用语。

_____
_____
_____
_____
_____
_____
_____

二、组织故障调查和跟进行动

1. 故障调查

(1)通过ATS的历史记录分析,初步判断由于17DG位于进路中间,在解锁进路时不满足轨道区段顺序占用再顺序出清的逻辑关系,即37G显示为占用→出清→再次占用,不满足顺序占用、顺序出清的解锁条件。因此,列车驶过一系列相关进路后,17DG、37G、47DG均未能正常解锁,如图4-11所示。

(2)信号维修技术员进入车辆段场区,排查17DG、37G、47DG轨道电路,对每段轨道的轨面电压进行测试,如图4-12所示。

(3)在测试37G发送端至试车线平交道口时,因轨面有较严重的锈蚀,在进行测试时该区段轨面电压不合规。

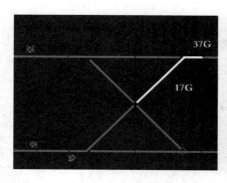
图4-11　ATS 显示轨道电路故障区段

图4-12　轨面电压测试

（4）信号维修技术员排查,越过该区域后,后续区段的轨面电压重新恢复正常。因此,可确定是由于车辆第一轮对进入该区域,钢轨表面严重锈蚀导致车轮与钢轨接触不充分,使得轨道电路表现出其电压未能正常被分路,造成本次故障。

2．故障结论

信号维修工程师总结故障结论如下：

（1）判断本次故障为钢轨轨面锈蚀,车轮与钢轨接触不充分,造成轨道电路无法正常分路,引起列车进路未解锁。

（2）轨面锈蚀故障归属线路部门,通信信号部门反馈排查信息后出清工作现场。

3．后续跟进行动

信号维修高级工程师布置后续跟进行动如下：

（1）与线路部门沟通,进行钢轨和轨道电路的联合整治。

（2）对轨道电路维护流程和故障案例组织重温学习。

（3）其他建议：＿＿＿＿＿＿＿＿＿＿＿＿＿＿＿＿＿＿＿＿＿＿＿＿＿＿＿＿＿＿＿＿

＿＿

三、应急演练总结与复盘

演练人员的操作：迅速□　　迟缓□　　说明：＿＿＿＿＿＿＿＿＿＿＿＿＿＿＿

演练方案及程序：符合要求□　　有欠缺□　　说明：＿＿＿＿＿＿＿＿＿＿＿＿

演练相关设备运行情况：操作正常□　　操作不熟悉□　　说明：＿＿＿＿＿＿＿

演练中各角色的配合情况：流畅□　　有待改进□　　说明：＿＿＿＿＿＿＿＿＿

需改善的建议：＿＿＿＿＿＿＿＿＿＿＿＿＿＿＿＿＿＿＿＿＿＿＿＿＿＿＿＿＿＿＿

＿＿

知识与技能自测

一、判断题

1. 相敏轨道电路可以传递行车信息。（   ）
2. 在一个轨道电路区段内包含的道岔原则上不应超过 3 组。（   ）

二、单项选择题

1. WXJ-50 Ⅱ 型微电子相敏轨道，受电端变压器的二次电压范围一般为（   ）。
   A. 直流(24±4)V   B. 交流(24±4)V
   C. 直流(15±3)V   D. 交流(15±3)V
2. WXJ-50 Ⅱ 型微电子相敏轨道电路接收器的最后执行继电器采用（   ）型继电器。
   A. JWXC-1000   B. JWXC-1700
   C. JPXC-1000   D. JYJXC-135/220

三、填空题

1. 轨道电路的主要结构包括 _____、_____、_____、_____ 等。
2. WXJ-50 Ⅱ 型相敏轨道电路采用单轨条回流方式的 _____ Hz 相敏轨道电路。

四、简答题

1. 简述轨道电路的功能、类型及特点。
2. 轨道电路为什么要有极性交叉设计？如果没有极性交叉设计，会有哪些危害？

综合题记录区域

项目 5 维护计轴设备

城市轨道交通信号基础设备维护

项目要求

计轴设备利用轨道传感器、计数器来记录和比较驶入与驶出轨道区段的轴数,以此确定轨道区段的占用或空闲。在本地铁线路中信号维修技术员接到任务,需要完成计轴室外设备的资产盘点工作,并完成一个计轴区段室内外设备的标准维护工作。

项目说明

计轴的标准维护是城市轨道交通信号维修技术员的最基本和最重要的职业技能之一。完成该任务,首先,需要梳理计轴在正线上的位置、设备结构;其次,收集本线路使用的计轴设备技术资料,了解其工作原理、设备构成,准备好维护备件;最后,按照标准规范梳理维护项目并完成维护任务。

学习目标

知识目标

1. 理解计轴设备的作用，认识不同类型的计轴设备。
2. 识别典型计轴设备室内外设备的结构和工作原理。
3. 掌握计轴设备的日常维护项目，复述维护内容。

能力目标

1. 认识计轴设备的原理、功能和作用。
2. 能理解计轴设备的构成和划分情况。
3. 能够完成计轴轨旁设备的日常维护项目，说明维护的内容和重点。

素质目标

1. 谨记安全制度，遵守劳动纪律和作业规程。
2. 具备良好的沟通能力，能简洁、准确地上报各类故障信息。
3. 具备精确操作和快速反应能力，践行精检细修的劳动精神。

工匠引领

计轴器介绍

建议学时

8学时（每任务4学时）。

任务 5.1　完成计轴设备资产盘点

接受任务

本任务中，信号维修技术员需要完成所辖线路所有正线区域内计轴设备的识别和资产盘点工作，现场图片如图 5-1 所示。通过查找图纸和技术规格书等资料，收集计轴设备的工作原理，辨识计轴设备的布置和组装情况，规范完成计轴设备的统计工作。

图 5-1　计轴设备现场图

任务准备

• 准备工作 1　收集计轴设备基本信息

查找《信号系统设计说明书》，收集信息。

计轴设备的作用是检测列车运行情况或作为后备模式使用。计轴设备利用轨道传感器、计数器来记录和比较驶入与驶出轨道区段的轴数，以此确定轨道区段的占用或空闲。

计轴设备的设计要求：要求车轮传感器的集成化程度高，信号传输距离远，计数准确而且可以判断列车运行的方向；具有一定的抗干扰能力，不受列车本身噪声以及其他外界电磁信号的干扰；安全可靠并有一定的自检功能，当车轮传感器从轨道上脱落或者出现故障时，能够及时检测到并发出警告；具有冗余和容错功能，在轨道两侧各安装一个，当一侧的传感器出现故障时，不影响整个系统的正常工作。

查找《计轴设备技术规格书》，收集信息。

动画演示

计轴器工作原理

1. 总结计轴设备工作原理

当列车出发,车轮进入轨道传感器作用区时,计算机开始记录轴数,判定列车运行方向,确定对轴数是累加计数还是累减计数。系统规定,凡驶入防护区段的轮轴进行加轴运算;凡驶出防护区段的轮轴进行递减运算。

计轴通过本区段的剩余轴数来确定区段的空闲、占用状态。即该区段入口处的轴数减去出口处的轴数为 0 时,该区段列车已出清;如不为 0,则该区段为占用或故障状态。

以一节车、四个轮对为例,在列车驶入计轴区段时,区间轴数和轨道占用状态显示如图 5-2 所示。

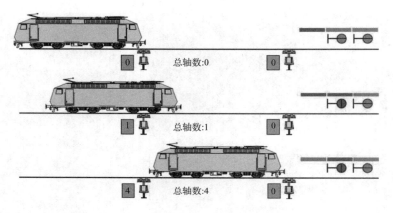

图 5-2 计轴占用原理

> **想一想**
>
> 计轴主机是用二进制来计数的。请写出一列六节编组的列车全部进入同一计轴区段时,计轴主机上的二进制如何显示?八节编组的列车又如何显示呢?

2. 总结计轴设备构成

查找《计轴设备技术规格书》,其系统结构框图如图 5-3 所示。其由室内设备和室外设备组成。

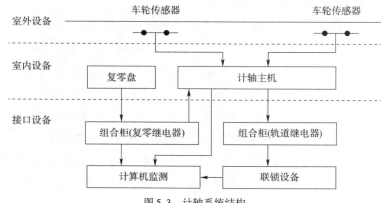

图 5-3 计轴系统结构

系统图说明如下：

室内设备：主要为计轴主机。其功能是通过主机传感器接收板接收由室外发送的计数器信息，并将其传至主机的中央处理器进行处理，通过计算给出区段是占用还是空闲的判定，同时控制室内轨道继电器（GJ）的吸起和落下。

室外设备：主要为车轮传感器。车轮传感器是大量布置在轨旁的传感器元件，安装于钢轨内侧，通过车轮切割其磁感线的次数记录区域内的车轴数。轨道交通中常见的车轮传感器的外形结构如图5-4所示。

图 5-4　常见的车轮传感器

> **视野拓展**
> 　　在轨道交通中，车轮传感器大量布置在轨旁。每个传感器旁边配有俗称"黄帽子"的电缆终端盒。电缆终端盒对列车轮数的记录起着关键的作用。相较于轨道电路，计轴设备具有设备简单、稳定性高等优点。目前，在城市轨道交通的正线区域，已广泛采用计轴设备作为轨道占用检测设备。

3. 整理各类车轮传感器的原理

车轮传感器，也称之为计轴磁头。不同厂家提供的计轴系统，其车轮传感器的外观不同，在车轮经过时切割磁感线的原理也不同。整理两种常见的车轮传感器外观及工作原理如下。

（1）泰雷兹（AzLM）计轴磁头。

结构图：该种计轴磁头一般成对地安装在钢轨上，用于采集通过该检测点的列车轮轴信息和列车运行方向信息。发送磁头安装在钢轨外侧，接收磁头安装在钢轨内侧，如图5-5所示。

图 5-5 泰雷兹(AzLM)计轴磁头

原理说明：发送磁头的信号来自电子连接盒的发送/接收板，在钢轨附近产生交变磁场，通过磁耦合在接收磁头上获得感应电压。当列车车轮经过磁头时，由于金属车轮的屏蔽作用，使得接收线圈中的磁感线方向发生变化，从而产生电压幅值及相位的变化。相当于发送线圈的信号进行了相位调制，载有车轴信息的信号经电缆传送给电子单元。车轮切割磁感线过程如图 5-6 所示。

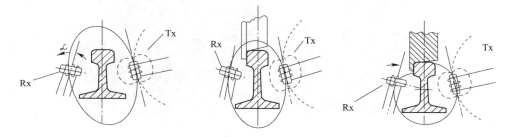

图 5-6 车轮切割磁感线过程

图 5-6 说明：R_x 和 T_x 分别是发送端和接收端。当车轮进入传感器的有效作用范围时，金属材质的车轮对磁感线进行切割，使传感器的发送端和接收端之间磁场的幅度和相位发生变化，从而改变接收线圈上的感应电压，计轴设备根据其磁场的变化频率和变化时间顺序，判断通过列车轴数的目的。

图 5-7 提芬巴赫计轴磁头

(2) 提芬巴赫计轴磁头。

结构图：该种计轴磁头的发送端和接收端安装在一起，位于钢轨同侧。车轮传感器具有单体封装设计、体积小等特点，且室外没有其他设备。计轴磁头外观如图 5-7 所示。

原理说明：该计轴磁头上设有两个相互独立、电路分离的传感器单元，分别感应出车轮脉冲信号。当车轮跨越两路脉冲信号，且满足有先后有重叠的特征,才会计入或计出一轴。两路脉冲信号的相位关系代表车轮的运动方向,系统以此来识别车轮运行方向。车轮切割磁感线过程如图5-8所示。

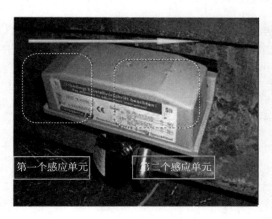 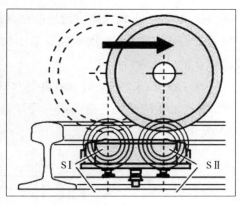

图5-8 车轮切割磁感线过程

当车轮接近传感器时,车轮的铁磁介质对内部元件有阻尼作用,使电路的工作状态发生变化,电路输出端的电压将升高,产生信号脉冲,并送至计轴主机进行处理。计轴信号若直接传送到室内,则会由于距离远,使信号受到干扰,所以必须进行调制或放大处理,以保证信号的准确性。

想一想	夜间地铁运营结束后,有施工队携带工具或工程平板车在轨道区域作业,期间金属工具或平板车的塑胶轮在计轴磁头上方的感应区域摆过,计轴系统会有何反应?作为信号维修技术员该怎么处理?
学习笔记	

• 准备工作 2　收集本地铁线路计轴设备信息

本地铁线路中，正线线路上使用的全部是应用较为广泛的 TAZ Ⅱ/S 295 型计轴设备（场段使用的是轨道电路）。查找承包商给出的 TAZ Ⅱ/S 295 型《计轴设备技术规格书》，进一步收集该计轴设备资料。

1. 查找 TAZ Ⅱ/S 295 型计轴设备总体说明

TAZ Ⅱ 计轴系统为提芬巴赫第二代计轴系统，设备型号为 295。该设备安全完整性等级为 SIL4 级，原理如图 5-9 所示。

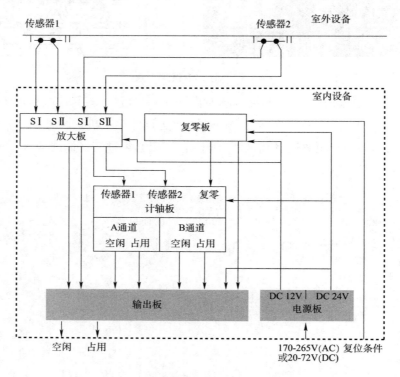

图 5-9　TAZ Ⅱ/S 295 型计轴设备原理图

室内设备特点：计轴主机的板卡能自动适应各种类型区段，无须进行软件设置，同型号板卡无须任何设置即可直接互换；各种板件均安装有鉴别销，能够避免设备安装或维护时将板件插错位置，避免安全隐患。

室外设备特点：基于探测列车轮缘工作原理，受扰范围小；轨旁车轮传感器均安装于单轨单侧内部，维护简单。

2. 查找 TAZ Ⅱ/S295 型计轴设备的组成

室内设备：为 TAZ Ⅱ/S295 型计轴系统的室内设备主机。计轴主机及其机箱配置如图 5-10 所示。

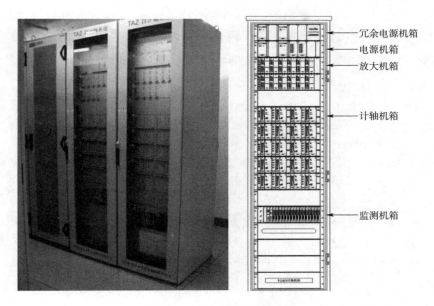

图 5-10　计轴主机及其机箱配置

室外设备：TAZⅡ/S 295 型计轴系统的轨旁设备采用提芬巴赫计轴磁头车轮传感器，如前面内容所述，这里不再赘述。

3. TAZⅡ/S 295 型计轴设备主机原理

室内计轴主机中所含的板件包括：放大板、复零板、计轴板、输出板、电源板、监视板，以及其他附件组成的主系统。计轴主机板卡布置图如图 5-11 所示。

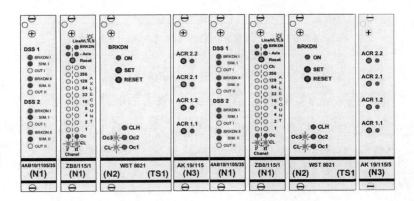

图 5-11　计轴主机板卡布置图

系统自带可选独立的计轴监测子系统，计轴监测子系统独立工作于主系统，监测子系统故障不影响主系统的正常工作。计轴主机电路图如图 5-12 所示。

原理图基本说明如下：

当车轮接近车轮传感器感应区域，SⅠ与SⅡ中的任一个被占用时，S1 或 S2 吸起，CL 落下→车轮前进跨越车轮传感器；同时占用SⅠ、SⅡ时，CLH 得电吸起，并在 CL 落下期间自保吸起状态→车轮前进完全越过车轮传感器,计数器计入一轴,区段轴数为1,计数器切断继电器 CL 励磁电路的工作电源,同时 Oc1 和 Oc2 得电吸起,Oc3 落下→在随后的车轮计入和计出过程中,除了计数器不断计数以外,其他继电器均不动作→最后一个车轮完全越过车轮传感器,计数器计出最后一轴,区段轴数变为零,计数器接通继电器 CL 励磁电路的工作电源,同时 Oc1 和 Oc2 失电,但要延时 50ms 才落下,Oc3 吸起,因此 CL 才有机会得以吸起并自保。

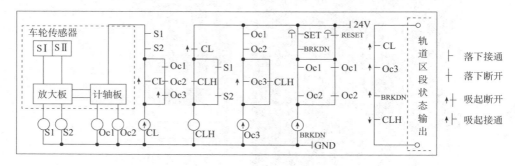

图 5-12 计轴主机电路图

按照原理图梳理计轴主机中各板卡的作用,如图 5-13 所示。

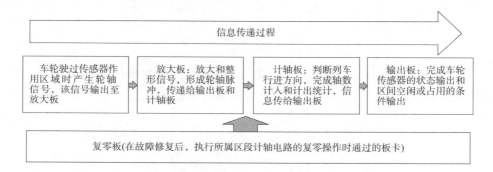

图 5-13 计轴主机中各板的作用

另外,电源板的功能是为整个计轴主机提供对应要求的电源,通常电源板会有备份。

课堂讨论	计轴和轨道电路在原理和功能方面有什么共同点和不同点,两者各有哪些优缺点?如果你是运营维修技术员,则更加倾向于采用轨道电路还是计轴作为轨道占用检测设备?为什么?
学习笔记	

任务实施

结合信号设备平面布置工程图纸和实际勘察情况,并根据计轴布置原则,完成正线计轴区段的计轴资产盘点工作。同时信号维修技术员从仓务购买了计轴磁头备件,需要进行组装,以备盘点期间的更换使用。

● 实施工作1　统计区间计轴数量及设置位置

1. 计轴数量统计

在城市轨道交通正线中,一个计轴点配置一个车轮传感器,一个计轴区段的所有能够通过列车的端头都必须设置计轴点。

识读附图4,完成计轴磁头统计。盘点该段区域共有_____个计轴磁头。其中上行有_____个计轴磁头,下行有_____个计轴磁头。

相邻两个计轴磁头间最短距离为_____m,最长距离为_____m。

2. 分析直股线路计轴布置情况,完成表 5-1

直股线路计轴布置情况　　　　　　　　　　　表 5-1

直股线路图如下: 
（图示：JZ17、XQ、JZ19、XC）
上图区域有_____个计轴磁头,前两个编号为 JZ17、JZ19,推断第三个编号为_____。按照线路设备编号规则,该区段为:□上行　□下行。
如果你是设计人员,正常行车情况下,两个计轴磁头之间的距离设置需要考虑哪些因素?
终端线路图如下: 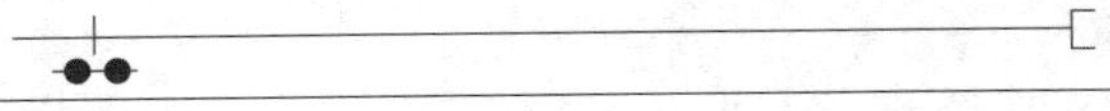
（图示）
上图终端线路中有_____个计轴磁头。
如果你是设计人员,终端计轴磁头距车挡的距离应该考虑哪些因素?

续上表

站台区段线路图如下：

上图中有_____个计轴磁头。观察上图中信号机和 JZ13 的布置位置，JZ13 位于出站信号机的（内□　外□）侧。

上图中，如果设计人员将 XC 信号机和 JZ13 的位置互换，则可能出现哪些问题？

3. 分析道岔区域计轴布置情况，完成表 5-2

道岔区域计轴布置情况　　　　　　　　　　　　表 5-2

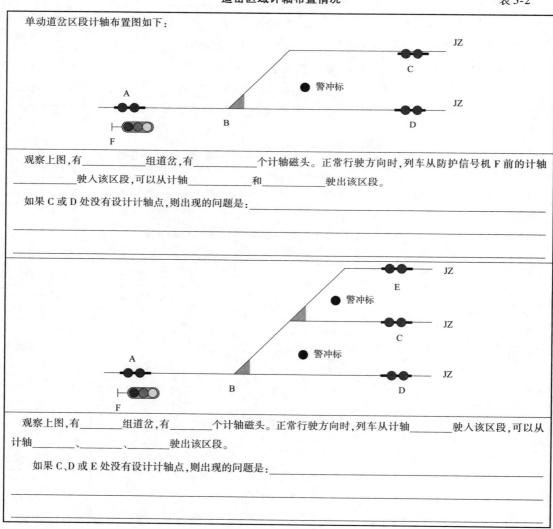

观察上图，有_____组道岔，有_____个计轴磁头。正常行驶方向时，列车从防护信号机 F 前的计轴_____驶入该区段，可以从计轴_____和_____驶出该区段。

如果 C 或 D 处没有设计计轴点，则出现的问题是：_____

观察上图，有_____组道岔，有_____个计轴磁头。正常行驶方向时，列车从计轴_____驶入该区段，可以从计轴_____、_____、_____驶出该区段。

如果 C、D 或 E 处没有设计计轴点，则出现的问题是：_____

4. 分析渡线区段计轴布置统计，完成表5-3

渡线区段计轴布置统计　　　　　　　　表5-3

渡线区段计轴布置图如下：

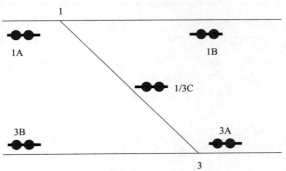

观察上图，有_____组道岔，设置了_____个计轴磁头。
如果列车要进行折返作业，从计轴1B进入区段，则顺序经过道岔_____，在计轴_____处换端。然后通过计轴_____以及计轴_____驶出该区段。

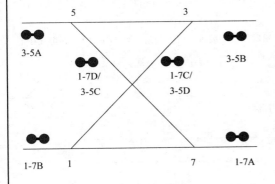
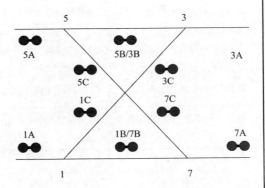

观察上图，均有____组道岔。同一方向上列车有_____种折返方式。
左图中列车计轴从3-5B进入该区间，请写出列车直折弯反时经过计轴的顺序_____
右图中列车计轴从3A进入该区间，请写出列车弯折直反时经过计轴的顺序_____
对比以上两图，左图有_____个计轴磁头，右图有_____个计轴磁头，右图中每条渡线的中部设置一个计轴点，分别为_____、_____，为共用计轴点。

• 实施工作2　完成车轮传感器组装(表5-4)

完成车轮传感器组装　　　　　　　表5-4

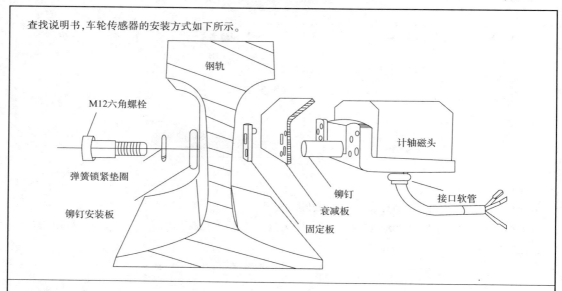

查找说明书,车轮传感器的安装方式如下所示。

图纸安装说明:

步骤一:定测安装位置,根据现场的限制条件以及信号平面图,在钢轨线路上将车轮传感器安装的位置标识清晰,以便随后的钻孔及安装;

步骤二:用钻孔机和相应的磨具在轨腰处钻孔,按照车轮传感器的安装要求,孔的直径应为13mm,两个固定孔中心距离为145mm;

步骤三:将车轮传感器及其部件依次安装在钢轨轨腰上。

按照上图要求,完成磁头备件组装,对安装顺序进行记录:固定板→_____

_____

_____

_____

_____

_____

_____

温馨提示　每一步骤的工作都要严格按照标准规范精确执行。如果以上第一步的车轮传感器定测位置不准,不仅后续工作无法进行,还要更换由于打孔错误而报废的钢轨,造成资源和人力的浪费。因此,操作人员需要具备精确的操作能力,践行精检细修的劳动精神。

任务评价

班级：　　　　　　姓名：　　　　　　学号：　　　　　　指导教师：

考核项目		完成计轴设备资产盘点			
序号	评价标准		分值	自评得分（40%）	教师评分（60%）
1	任务实施页填写字迹美观清晰，题目填写齐全。		10		
2	在课堂讨论中，能够主动沟通，分享计轴设备的原理、作用，以及不同类型计轴磁头工作原理的差异。		20		
3	能够主动查找本地铁线路所使用的计轴设备的资料，能够分析 TAZ Ⅱ/S 295 型计轴设备的构成和功能，复述其对于列车占用显示的电路原理。		20		
4	能够准确盘点所辖区域的计轴磁头的数量、设置位置，以及实现的功能。		20		
5	能够按照图纸的标准顺序，完成车轮传感器组装，组装标准符合规范要求。		20		
6	能够主动查找前沿资料，辨识不同车轮传感器工作原理的差别。		10		
合计			100		

任务总结

任务 5.2　完成计轴设备维护

接受任务

本任务中,信号维修技术员需要按照标准规范梳理正线使用的 TAZ Ⅱ/S 295 型计轴设备的所有维护内容,然后组织工作队完成计轴室内外设备的维护工作。信号维修技术员必须小心谨慎、戒骄戒躁,一丝不苟地按照行业标准,规范地完成维护工作。

微课演示

计轴维修

任务准备

• 准备工作 1　分析计轴设备的维护项目

步骤一:梳理室外设备检查项目。

(1)车轮传感器及接线盒安装状态检查:要求清洁车轮传感器,周边范围内应无杂物;紧固件应无松脱、损坏、生锈和腐蚀等情况,如图 5-14 所示。

 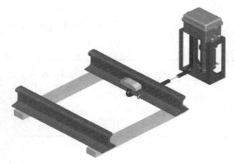

图 5-14　车轮传感器及接线盒安装状态检查

(2)检查传感器安装高度:测量传感器安装高度,规定计轴磁头顶部到轨面的高度 Y 在 38~45 mm 范围内,如果 $Y \leqslant 38$ mm,则需要将传感器安装到另一对低孔位处。传感器高度测量如图 5-15 所示。

(3)检查电缆终端盒内部配线:要求电缆盒配线牢固、无松动,传感器线缆及卡具牢固、无破损。

(4)传感器安装高度测量:要求传感器的高度应符合标准要求,如超标则需要调整传感器的感应高度,如图 5-16 所示。

(5)车轮传感器的松动检测:车轮传感器松动后,室内计轴主机上相应的板卡应有显示提示;车轮传感器紧固后,对应的故障报警消失。

 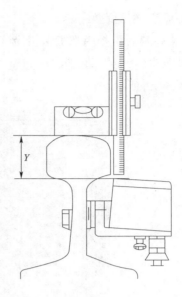

图 5-15　传感器高度测量

图 5-16　传感器感应高度调整

(6)测量车轮传感器空闲/占用电压:要求其在空闲、占用状态下的电压状态符合要求。

步骤二:梳理室内设备检查项目。

(1)检查计轴机柜的防雷模块状态显示指示窗,应无跳红现象。

(2)对机柜进行清洁、螺栓紧固。要求机柜清洁无尘;机柜内各螺栓紧固无松动;机柜门开关灵活、密封良好。

(3)检查机柜内部板卡指示灯状态显示是否正常;检查接线端子排配线及机柜接地线配线是否牢固、无松动;地线应完整、紧固、无锈蚀;各板卡灯位应显示正常。各板卡灯位显示如图5-17所示。

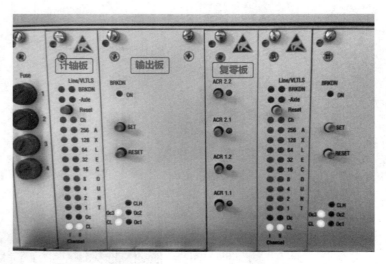

图5-17 各板卡灯位显示

(4)电源测试:对计轴主机输入电压、输出电压进行测试,要求计轴主机的输入、输出电压符合标准。

(5)功能测试:包括检测复零板复零功能,通过操作能够使区段处于空闲状态。

● 准备工作2　分析常见故障及处理方法

查看既有线计轴设备的维护记录,总结常见故障,提前做好应对准备工作。

由于计轴设备为次级列车占用检测设备,因此当正线为计轴故障时,系统表现为对应的色光带故障显示,对通信列车正常运行无影响,但在其他运行级别(如点式模式、人工驾驶模式)控制下,对应的非通信列车将无法正常运行,只能以人工驾驶模式在行车调度员授权后行驶,运营效率受到影响。

> **视野拓展**　需要说明的是,在不同地铁线路中,计轴设备各类故障在ATS系统上显示的故障光带颜色和方式没有统一的规定,因此需要按具体线路的《计轴维护手册》的说明对照进行判定,切记不可生搬硬套。

1. 总结室内故障现象及处理方法

计轴设备发生故障时,运营人员首先应记录故障现象、发生时间,并向信号维修技术员进行汇报。计轴设备的主要板卡具有故障指示灯,在故障没有处理完成前,应保持故障的指示状态,不可进行复位操作。室内计轴设备故障排查如表5-5所示。

室内计轴设备故障排查   表 5-5

ATS 显示的故障现象		处置建议
一个区段故障	非边界处一个区段	计轴主机中,按照计轴板→输出板→放大板的灯位顺序依次检查,替换灯位显示故障的板卡。如板卡灯位均正常,应检查 GJ 继电器是否励磁,并检查该继电器的采集通道。
	边界处一个区段	排查车轮传感器及通道是否存在问题,如未发现问题,按照非边界处一个区段故障进行排查。
两个区段故障	相邻两个区段	查看板卡指示灯及保险管是否正常,替换灯位显示故障的板卡。如两个区段计轴板轴数不能出清,一个为正轴一个为负轴,则需检查车轮传感器及通道是否存在异常。
	非相邻两个区段	对非连续区段两个故障,按照两个单独区段故障叠加处理。
连续三个区段故障		着重排查计轴主机的放大板和放大板保险管,如排除以上情况按区段故障叠加排查。
连续多个区段故障		着重进行室内计轴电源板、复零板方面的排查。

计轴主机的故障,主要通过板卡指示灯显示的异常状况,以及计轴监测单元的故障报警信息进行判断。

2. 总结室外故障现象及处理方法

室外车轮传感器是计轴系统的终端设备,在轨旁大量布置车轮传感器,因此出现故障的数量相对较多。室外计轴故障排查如表 5-6 所示。

室外计轴故障排查   表 5-6

历史故障	主要原因	处理方法
供电/通信电缆不能导通	计轴磁头的电缆被切断或者内部接线端金属露头处老化折断。	需要对线缆进行修复。
磁头电压漂移	故障表现为磁头工作不稳定,有丢轴现象。	按照标准电压要求,调整电压和磁头偏移值。
计轴磁头物理损坏	计轴磁头被车轮、工具等外力破坏。如破损较严重则影响磁头功能,两边区段同时故障,通过复位无法消除故障。	更换计轴磁头,调整合规后投入使用。

任务实施

根据检修内容,制定检修计划表,完成计轴设备的标准维护任务。具体任务如下:

(1)查找标准规范《城市轨道交通运营设备维修管理规范》(DB11/T 1345—2016)中关于计轴设备的维护要求。

(2)按照任务准备环节中梳理的维护内容,完成维护表格的编制。要求表格在维护过程中可以随时携带和填写,维护项目以条目的形式体现,对测量结果可以进行有效记录。

(3)对照维护表格完成计轴设备的维护工作,并规范记录实际数值和维护情况。

注意事项 计轴磁头安装在钢轨侧面,如果其安装高度不合规,会造成计轴磁头侵入车辆限界的事故发生。因此需要精确测量,精准调试,快速反应,践行精检细修的劳动精神,才能确保列车行车安全、设备安全。

步骤一:查阅标准,记录其中对计轴设备的维护内容要求。

维护周期:_____

维护内容:_____

_____

_____

_____

步骤二:分析维护风险和物资。

(1)预判维护工作中可能遇到的风险并提前防护。

风　　险:_____

防护措施:_____

_____

_____

(2)梳理维护过程需要的工具、物料、专用设备等。

工　　具:_____

物　　料:_____

专用设备:_____

_____

_____

步骤三：编制《TAZ Ⅱ/S 295 型计轴系统维护记录表》（表 5-7），并完成维护任务。

TAZ Ⅱ/S 295 型计轴系统维护记录表　　　　　　　　　　表 5-7

站名：　　　　　　区段：　　　　　　检修人：　　　　　　检修日期：

维护内容		技术标准	使用工具	检验结果	处理意见
室外设备	检查车轮传感器及电缆				
	检查传感器安装及涂油				
	测量传感器安装高度	标准值：			
	测量空闲/占用电压				
	车轮传感器的松动检测				
	调整传感器感应高度	标准值：			
	其他项目补充				
室内设备	测试电源	标准值：			
	测试机柜接地线				
	检查防雷模块状态				
	检查机柜是否清洁、螺栓是否紧固				
	检查机柜内部板卡指示灯状态				
	检查机柜柜门				
	其他项目补充				

步骤四：如需要，完成故障计轴磁头的更换专项维护项目（表 5-8），记录更换情况。

故障计轴磁头的更换专项维护项目　　　　　　　　　　表 5-8

主要步骤如下：

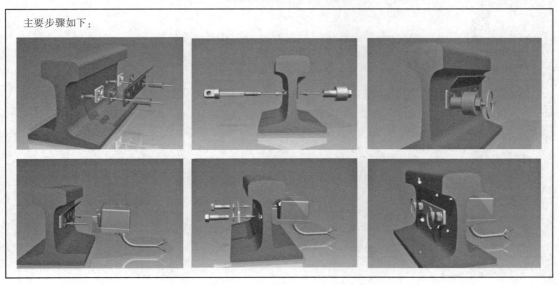

续上表

更换部件名称：_____
故障部件 S/N 号记录：_____
新部件 S/N 号记录：_____
说明：更换故障部件前，需要检查新旧部件型号是否一致，更换中保持新部件接触良好，更换后要按照维护内容进行室内外测试，确保各指标、功能符合标准要求。

步骤五：进行维护反思。

针对实际维护过程，梳理维护计划和维护内容，对其中的疏漏进行补充与完善。

_____
_____
_____
_____
_____

填写要求说明：对计轴的维护情况进行总结，对不合格项目的产生情况进行分析，并提出预防措施及建议。所有维护测试数据均应妥善存储。

课堂讨论	在基于通信的列车控制（CBTC）系统中，计轴属于次级列车占用监测设备，在设计中要求计轴的单点故障不能影响运营。请以小组为单位讨论：如在运营期间发现计轴故障，最佳的处置流程是什么？
学习笔记	

任务评价

班级：　　　　　姓名：　　　　　学号：　　　　　指导教师：

考核项目		完成计轴设备维护		
序号	评价标准	分值	自评得分（40%）	教师评分（60%）
1	能够主动沟通表达，准确查找标准规范资料的内容，复述三点以上计轴室内设备和室外设备的维护要求。	20		
2	能够按照维护内容，条理清晰地编写 TAZ Ⅱ/S 295 型计轴设备的维护记录表，没有漏检漏修项目。	20		
3	能够按照维护记录表，有条理地进行计轴设备的维护工作，并按照实际情况准确填写维护表。	20		
4	能够对本次任务进行总结与反思，给出改善和优化意见。	20		
5	能够主动查找前沿技术，分享维护计轴设备的新技术、新方法。	20		
	合计	100		

任务总结

项目拓展及演练

演练要求

请以小组为单位完成以下任务:首先,了解地铁运营企业的实际故障;然后,对应编写应急抢修脚本,明确在应急抢修过程中每个职位的工作任务;最后,分角色进行演练,在规定时间内完成故障处置和修复工作。

职业准备

在维检修中,信号工要熟悉设备性能,了解设备运行状态;严禁随意中断运行中的设备,否则会将故障扩大化。须时刻谨记安全制度,遵守劳动纪律和作业规程。

一、故障应急抢修演练

1. 了解故障现象

运营期间,ATS 显示 JZ35 相邻两区段有故障光带。后车以通信下的人工驾驶模式(RM 模式)运行,清扫该区段后计轴设备显示正常。

2. 确认故障影响

单个计轴车轮传感器故障,对 CBTC 列车正常运行无影响。

3. 组织现场故障处置(表 5-9)

动画演示

计轴严重故障应急处置

组织现场故障处置　　　　　　　　　　　　表 5-9

时间	事件
16:30	工区值班信号维修技术员接到故障报警中心报告,ATS 显示 JZ35 相邻两区段有故障光带,已通知后车以 RM 模式人工驾驶,清扫该计轴区段后设备显示正常。
16:35	信号维修工程师确认当前列车运行模式为 CBTC 级别,设备室值守信号维修技术员反馈联锁设备状态正常,无异常报警。
16:40	信号维修工程师回复故障报警中心,当前故障对运营没有影响,建议行车调度员继续行驶列车,司机按照车载设备的指示行车。
16:45	信号维修工程师进入设备集中站,确认室内计轴机柜正常。根据故障现象初步判断室外计轴磁头故障,要求信号维修技术员准备备件,随时准备应急抢修。
19:50	信号维修工程师申请夜间临时施工计划,在交接班过程中将该故障情况与接班的信号维修工程师进行交接。
01:00	信号维护工作队进入正线区域进行 JZ35 故障排查,发现车轮传感器外壳受损。
01:15	信号维修技术员对 JZ35 进行测试,包括传感器安装高度、电缆盒内测试空闲电压、占用电压。各项指标符合技术标准,暂不影响使用。
01:15	信号维修工程师查看原始记录,之前对全线计轴设备进行外观及固定螺栓普查,照片显示 JZ35 外观正常。上次维护日期为 1 个月前,未见异常。

续上表

时间	事件
01:30	为消除故障隐患,信号维修技术员使用备件对车轮传感器进行更换。
01:40	新的车轮传感器更换完毕,信号维修技术员确认车轮传感器感应高度均符合技术标准。经多次模拟轮滑轴实验,设备均正常。测试结果如下,均符合设备的技术要求: | JZ35	室外测量		室内测量	
---	---	---	---	---
	S1	S2	S1	S2
占用	8.54V	8.71V	8.87V	9.04V
空闲	5.519V	6.613V	5.888V	6.530V	
01:50	信号维修技术员反馈作业面出清,故障工单关闭。

4. 编写应急抢修演练脚本

根据故障时序,编写应急抢修演练脚本,明确到每个职位的工作内容,注意标准用语。

二、组织故障调查和后续跟进行动

1. 故障调查

车轮传感器外壳受损情况如图 5-18 所示。

图 5-18　车轮传感器外壳受损情况

故障原因：车轮传感器受到外力撞击所致。维护工作队对车轮传感器进行更换后修复。

其他分析：经过测量，该车轮传感器的安装未侵入《地铁设计规范》中规定的设备限界，根据对外观破损情况的判断，应为人为所致。

2. 故障结论

信号维修工程师总结故障如下：

人为原因造成的车轮传感器外壳破损，为了不影响使用，对其进行更换。

3. 后续跟进行动

信号维修高级工程师布置后续跟进行动：

（1）对全线的车轮传感器进行外观排查。

（2）信号部门与其他相关接口部门沟通，包括线路、结构、供电等，要求其作业期间注意计轴的车轮传感器，避免大件工具、人员、平板车等对计轴车轮传感器误碰误伤。

（3）其他建议：_____

_____

_____

_____

_____

_____

三、应急演练总结与复盘

演练人员的操作：迅速□　　迟缓□　　说明：_____

演练方案及程序：符合要求□　　有欠缺□　　说明：_____

演练相关设备运行情况：操作正常□　　操作不熟悉□　　说明：_____

演练中各角色的配合情况：流畅□　　有待改进□　　说明：_____

需改善的建议：_____

_____

_____

_____

知识与技能自测

一、判断题

1. 计轴磁头的工作原理是,根据车轮切割其磁感线的次数记录区域内的车轴数。（　　）
2. 使用计轴器的轨道区段,一个轨道区段只能有一个入口和出口。（　　）

二、选择题

1. 在日常维护工作中,室外车轮传感器主要的维护内容包括(　　)。
   A. 检查车轮传感器高度及电缆　　　　B. 检查电缆终端盒内部配线
   C. 传感器安装高度测量　　　　　　　D. 车轮传感器的松动检测
2. 在日常维护工作中,室内计轴机柜主要的维护内容包括(　　)。
   A. 检查防雷模块状态　　　　　　　　B. 检查机柜内部板卡指示灯状态
   C. 机柜电源检查和功能测试　　　　　D. 传感器安装高度测量

三、填空题

1. 计轴系统由室内设备和室外设备组成,室外设备主要为_____,室内设备主要为_____。
2. 计轴器用计数和比较_____车轴数和_____车轴数确定轨道区段是否空闲。

四、综合题

1. 轨道电路和计轴设备两者各有哪些优缺点？
2. 计轴系统如何维护、检修？计轴车轮传感器如何安装？

综合题记录区域

维护应答器

项目 6

城市轨道交通信号基础设备维护

项目要求

在地铁线路的两根钢轨之间，安装有许许多多的黄色小匣子，它们的名字叫作"地面应答器"。其主要作用是在特定的地点向列车提供可靠的轨旁固定信息与实时可变信息。本地铁线路中信号维修技术员接到任务，需要完成所有应答器设备的资产盘点，并完成一个应答器室内外设备的标准维护工作。

项目说明

应答器在正线及车辆段广泛布置，应答器的标准维护是城市轨道交通信号维修技术员最基本和最重要的职业技能之一。完成该项目，首先，需要梳理盘点所有应答器的位置和类型；然后，收集本线路使用的应答器技术资料，了解其工作原理、设备构成，准备好备件；最后，按照标准规范梳理维护项目并完成维护任务。

学习目标

知识目标

1. 掌握应答器设备的作用,认识不同类型的应答器设备。
2. 识别不同类型应答器设备的外观和设置位置。
3. 理解应答器设备的日常维护项目,复述维护内容。

能力目标

1. 认识应答器设备的功能和作用,掌握应答器的工作原理、设备构成、布置原则。
2. 能理解应答器设备的构成、应用地点、功能实现。
3. 能够完成轨旁应答器的日常维护项目,说明维护的内容和重点。

素质目标

1. 工作中执行"5S"管理规范。
2. 具备自主学习的能力,主动查阅各类技术资料和规章制度。

工匠引领

应答器介绍

 建议学时

6 学时(每任务 3 学时)。

任务 6.1　完成应答器资产盘点

接受任务

本任务中,信号维修技术员需要完成所辖线路上所有正线和车辆段区域内应答器的资产盘点工作,现场图片如图 6-1 所示。应答器设备布置区域广泛,数量较多,且根据应用地点不同,功能差异较大。数据的收集是统计分析的基础,只有掌握真实全面的基础数据,才能为今后的维护工作打下基础,确保维护工作不遗漏。

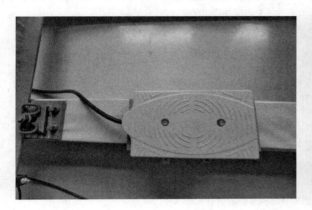 

图 6-1　应答器现场图

任务准备

● 准备工作 1　收集应答器基本信息

查找《信号系统设计说明书》,获取信息。

应答器,也称为信标(应答器是欧洲标准的称谓,信标是北美标准的称谓),是高速率、大信息量的点式数据传输设备,主要作用是在特定的地点实现车-地间的数据交换,向列车提供可靠的轨旁固定信息与实时可变信息,车载设备通过这些信息实现安全控车。城市轨道交通系统中,应答器为 CBTC 级别列车和点式级别列车提供位置信息等,为点式级别列车提供移动授权(MA)信息等。

查找《应答器技术规格书》,收集信息。

1. 总结应答器结构及原理

结构:应答器主要由车载设备和地面设备两部分组成。车载部分包括应答器处理器、应答器天线等;地面设备包括地面应答器、地面电子单元(Lineside Electronic Unit,LEU)等。

微课演示

应答器原理

原理：在列车运行过程中，位于列车底部的应答器天线不断地向地面发送无线信号的能量，当列车底部的车载应答器查询到天线经过无源应答器上方时，应答器被激活，然后向车载天线发送链路信号。应答器既可以向列控车载设备传送固定信息，也可向地面电子单元传送可变信息。无源和有源应答器的信息传递原理如图6-2所示。

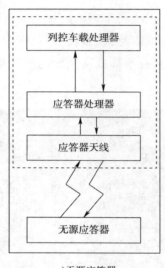

图 6-2　无源和有源应答器的信息传递原理

视野拓展　　在应答器传输系统中，为配合设备特性、数据定义等，限制系统使用的最高速度为500km/h。而伴随着轨道交通行业的持续发展提速，可预见在不久的将来，会超出此限值甚至最高至1000km/h。因此，在应答器传输系统基础上需要进行持续技术优化及改进。

2. 查找应答器的传递内容

线路基本参数，如线路坡度、轨道区段等参数；

线路速度信息，如线路最大允许速度、列车最大允许速度等；

临时限速信息，由于施工等原因，需向列车提供临时限速信息；

车站进路信息，根据车站接发车进路向列车提供线路坡度、线路速度、轨道区段等信息；

道岔信息，给出前方道岔侧向允许列车运行的速度；

特殊定位信息，如升降弓、进出隧道、鸣笛、列车定位等；

其他信息，如固定障碍物信息、列车运行目标数据、链接数据等。

3. 整理不同类型的地面应答器信息

常见的地面应答器有多种类型，收集不同类型的地面应答器设备信息，整理分类对照表如表6-1所示。

动画演示

应答器定位原理

地面应答器分类对照表   表6-1

类型	特点	图片	说明
无源应答器	本身没有电源,其内部储存的信息也是固定的。一般在全线沿途广泛设置,特别是在停车区域。		传递的固定信息包括:车站停车位置、线路信息等(需提前写入)。
有源应答器	通过外接电缆获得电源,内部储存的信息也是可变的。通过电缆与地面电子单元 LEU 连接,获取报文。	注:多一根与 LEU 连接的线缆。	可变信息包括线路前方信号显示、临时限速、道岔位置等,根据实际设备状态变化而变化。
有源环线应答器	在有源应答器的基础上加装环线,应答器将信息区域扩大,避免列车定位停车时冲出红灯防护区段。	注:加装环线区域线缆。	实现点式级别下的红灯误触发防护;提高点式级别下的折返效率。但是列车初始定位的第二个应答器不能是环线应答器。

课堂讨论　如果不设置有源环线应答器,在列车定位停车读到有源应答器信息时,就算接收到的是红灯信息,立即切断牵引实施制动,是不是也可能已经冲出该红灯防护区段?这样会对运营造成什么样的影响?

学习笔记

• 准备工作2 收集本地铁线路应答器信息

本地铁线路中使用的是应用较为广泛的 LEU-S 型应答器,查找承包商给出的《LEU-S 型应答器技术规格书》,说明如下。

1. 查找 LEU-S 型应答器系统图

应答器系统是 CBTC 列车控制系统的重要组成部分,由车载设备和地面设备两部分组成。

车载设备包括:应答器车载查询器(Balise Transdmission Modlule,BTM)以及应答器天线。

地面设备包括:地面应答器(无源、有源、有源环线)和地面电子单元(LEU)组成。

应答器系统结构图如图 6-3 所示。

图 6-3 应答器系统结构图

2. 查找 LEU-S 型应答器系统构成

地面电子单元(LEU):是与有源应答器之间接口的室内安装设备,用于向有源应答器传输可变信号数据,满足应答器上行链路数据传输的需要。LEU 子系统可从计算机联锁(CI)设备获取各种轨旁信息,并为信号机附近的有源应答器提供信息。即时信息通过 LEU 传送至可变应答器中,并经过可变应答器上方的车载应答器查询天线传递给运行中的列车,为列车提供点式运行模式下的移动授权。LEU 机柜外观如图 6-4 所示。

地面应答器:LEU-S 型应答器系统中,地面应答器包含无源应答器、有源应答器、有源环线应答器三种,这里不再赘述。

车载应答器设备:应答器车载查询器也称应答器接收单元(BTM)。BTM 车载应答器设备包括车载天线、解码器、载频发生器与功率放大器等。车载天线是一个双工的收发天线,既要向地面发送激活地面应答器的功率载波,还要接收地面应答器发送的数据报文。车载天线与地面应答器的通信接口如图 6-5 所示。

图 6-4 LEU 机柜

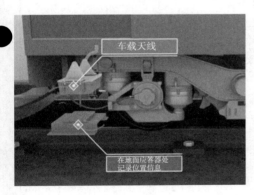
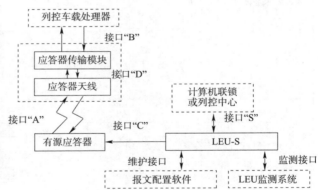

图 6-5 车载天线与地面应答器的通信接口

课堂讨论	在点式运行模式下列车从有源应答器接收到的运行信息,与 CBTC 模式运行下列车从无线天线中接收到的运行信息有什么差别?哪个实时性更强?
学习笔记	

任务实施

结合信号设备平面布置工程图纸和实际勘察情况,辨识不同点位设置的应答器在列车运行过程中的功能。根据应答器布置原则,完成正线应答器的资产盘点工作。

步骤一:根据应答器位置记录其功能。

按照图纸,分析正线应答器的布置情况和对应功能,完成表6-2。

正线应答器的布置情况和对应功能　　　　表6-2

---

(1) 区间无源应答器的设置。

```
    站台1                    站台2
─────●●──⊠──⊠──●●─────
           FB  FB
```

上图中 FB 代表无源应答器。图中有＿＿＿＿个无源应答器,位于＿＿＿＿＿＿＿＿＿＿＿＿＿＿＿＿＿＿。

无源应答器的作用是:＿＿＿＿＿＿＿＿＿＿＿＿＿＿＿＿＿＿＿＿＿＿＿＿＿＿＿＿＿＿＿＿＿＿＿。

传递信息包括:＿＿＿＿＿＿＿＿＿＿＿＿＿＿＿＿＿＿＿＿＿＿＿＿＿＿＿＿＿＿＿＿＿＿＿＿＿＿。

如果你是设计人员,正常行车情况下,两个区间无源应答器间的距离设置需要考虑哪些因素?

＿＿＿

＿＿＿

＿＿＿

＿＿＿

---

(2) 轮径校正无源应答器的设置。

```
                              车辆段 │ 正线
       │←20m→│
───┼──⊞──⊞───●──转换机──●─┼─●●───
      WB  WB
```

上图中 WB 代表轮径校正无源应答器。图中有＿＿＿＿个轮径校正无源应答器,中间相隔＿＿＿＿＿＿＿m,位于:车辆段□　正线□。

轮径校正无源应答器的作用是:＿＿＿＿＿＿＿＿＿＿＿＿＿＿＿＿＿＿＿＿＿＿＿＿＿＿＿＿＿＿＿。

如果你是设计人员,两个轮径校正无源应答器间隔的距离设置需要考虑哪些因素?

＿＿＿

＿＿＿

＿＿＿

＿＿＿

续上表

(3) 定位停车应答器的设置。

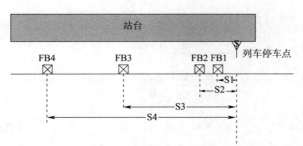

上图中 FB 代表无源应答器。图中有_____个无源应答器,位于_____。

该应答器的作用是:满足沿列车运行方向实现列车自动运行(Automatic Train Operation, ATO)模式下的停车精度要求。

如果你是设计人员,站台区域无源应答器之间的距离设置需要考虑哪些因素?

_____
_____
_____
_____
_____
_____

(4) 点式配套应答器的设置。

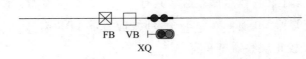

上图中信号机内侧布置有源应答器及点式配套无源应答器,FB 代表_____, VB 代表_____。

无源应答器的作用是:_____

参考上图,两个应答器布置的情况是:_____
_____
_____
_____
_____
_____

续上表

(5)出站前的环线应答器的设置。

站台1

LDR VB_{XC}　　JZ

上图中,出站信号机内侧布置_____个应答器,其中 LDR 代表_____,VB 代表_____。
该环线应答器的功能是:列车进站停稳后,为了防止司机误操作,引起_____的问题,因此,需在_____信号机(内侧□、外侧□)布置应答器。

(6)填充应答器的设置。

JZ

IB　FB　VB　F

填充应答器是可变应答器的一种,发送与主信号机应答器相同的移动授权信息,提前将移动授权发送给列车。上图中出站信号机内侧布置_____个应答器,其中 FB 代表_____,VB 代表_____,IB 代表_____。

步骤二:不同类型的应答器数量统计。

依照实际工程图纸附图4,盘点该段区域共有_____个应答器。其中:无源应答器 FB 有_____个;有源应答器 VB 有_____个;环线应答器 LDR 有_____个,填充应答器 IB 有_____个,轮径校正应答器 WB 有_____个。

在_____区域应答器布置得最为密集,其作用为:_____。

图中相邻两个应答器间最短距离为_____m,最长距离为_____m。

视野拓展　　CBTC 列车运行过程中如果有一个应答器的信息没有收到,列车是不会停车的,否则列车的运行效率会很低。一般情况下,信号系统设计中,只有连续两个应答器的信息都没有收到,列车才会停车。

任务评价

班级：　　　　　姓名：　　　　　学号：　　　　　指导教师：

考核项目	完成应答器资产盘点			
序号	评价标准	分值	自评得分（40%）	教师评分（60%）
1	任务实施页填写字迹美观清晰，题目填写齐全。	10		
2	在课堂讨论中，能够主动沟通应答器的工作原理，辨识不同类型的应答器功能的差异。	20		
3	能够复述无源应答器和有源应答器对于列车在不同运行模式下信息传递的差异。	10		
4	能够主动查找本地铁线路所使用的应答器设备的资料，能够分析LEU-S型应答器室内外设备的构成和功能。	20		
5	能够辨识在不同位置上，应答器实现的功能差异。	20		
6	能够准确盘点所辖区域的应答器的类型、位置、数量，以及在不同位置应答器实现的功能。	20		
	合计	100		

任务总结

任务 6.2　完成应答器设备维护

接受任务

本任务中,信号维修技术员需要按照标准规范梳理 LEU-S 型应答器设备的所有维护内容,然后组织工作队完成一个区段应答器室内外设备的维护工作。

任务准备

- **准备工作 1　分析地面应答器设备的维护项目**

  步骤一：梳理室外设备检查项目。

  (1) 检查应答器完整性。

  无源应答器：包括应答器以及安装装置。

  有源应答器：包括应答器、安装装置、应答器连接线缆及接线盒。

  有源环线应答器：包括应答器、安装装置、应答器连接线缆及接线盒、有源环线尾缆、尾部接线盒。

  (2) 检查应答器相关附件有无损伤。

  无源应答器：应答器本身应无损伤。

  有源应答器：应答器、连接线缆防护软管的外观无明显损伤,防护管无明显老化现象。

  有源环线应答器：应答器、连接线缆防护软管、尾缆金属防护管以及尾部接线盒(图 6-6)无明显损伤。

  (3) 检查应答器及安装装置有无松动,如有松动,需要使用扭力扳手进行紧固,如图 6-7 所示。

图 6-6　有源环线应答器尾部接线盒

图 6-7　安装装置紧固

(4)应答器表面及周围不能有杂物,尤其不能有任何金属覆盖。应答器表面应无明显的粉尘,如果有则必须进行清理,清理时不能损伤应答器表面,如图6-8所示。

(5)有源应答器及有源环线的线缆接线盒检查。使用毛刷对线缆接线盒内部进行清洁,确保干净无尘土;对接线盒内电缆连接情况进行检查,确保线缆连接牢固,如图6-9所示。

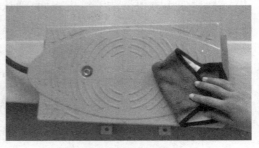

图6-8 应答器表面清理

图6-9 应答器线缆盒检查

(6)有源环线尾部接线盒内部检查。要求使用毛刷对尾部接线盒内部进行清洁,确保干净无尘土;确保电阻板与底座、接线端子与电阻板连接牢固,各螺母不松动。

步骤二:梳理室内设备检查项目。

(1)机柜及主机外部清扫、接线外观清洁检查:要求机柜外观清洁无尘土。机柜电源端子配线无松动,电源空开各螺栓紧固,如图6-10所示。

(2)机柜及主机内部清扫、接线内部清洁检查:要求机柜内各子架清洁无尘土。插头和端子接线检查,要求机柜内部子架插头无松动,如果有松动需紧固,如图6-11所示。

图6-10 机柜电源端子检查　　　　图6-11 线缆接头检查

(3)机柜各板卡灯位正常:电源板、处理器板、控制板等各指示灯状态显示正常,符合要求,如图6-12所示。

(4)监测机检查。使用麂皮布清洁液晶显示器,使用方巾清洁鼠标,使用防静电吸尘器清洁键盘;使用方巾清洁工控机表面,确认工控机表面干净无尘土;使用一字螺丝刀打开散热面板,将里面的过滤器取出,用防静电吸尘器进行清洁。

图6-12 各板卡指示灯状态检查

• 准备工作2 分析常见故障及处理方法

查看既有线地面应答器设备的维护记录,总结常见故障,提前做好应对准备工作。

步骤一:应答器的故障判断。

以无源应答器为例,如遇到应答器丢失故障或在现场发现应答器存在不可修复的机械损伤,应第一时间更换应答器。

对应答器环境进行检查,如发现应答器表面存在异物,或周围一定范围内存在金属物体,则需要尽快清理。

在现场对应答器的安装装置进行检查,如发现松动、安装高度不合规等问题,需要及时调整到规定值,测试合格后方可投入使用。

步骤二:更换应答器。

(1)拆除应答器:拆除应答器专用紧固件,拆除应答器;

(2)更换应答器:对应答器进行零部件准备、安装和检查;

(3)调试应答器:备用应答器均是没有写入报文的空应答器,在更换前需要利用报文读写工具写入需要更换的报文,不同类型的应答器写入方式不同。

步骤三:应答器报文烧写和验证。

更换或调整后的应答器需要利用读写工具进行报文烧写,然后进行验证确认。步骤为:室内 LEU 断电、确认应答器信标号、报文拷贝、报文烧写和报文回读。即使用专用工具,在应答器正上方 0~50mm 的范围内,进行报文的拷贝、烧写与回读工作,验证前后一致后,则表明应答器更换成功,如图6-13 所示。

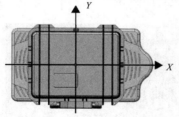

图6-13 应答器报文烧写和验证

步骤四:重启 LEU,确认状态。

更换应答器后,建议对对应的 LEU 主机进行重启,对各电子板卡的状态和灯位进行检查,如发现异常需要对其进行故障定位,并更换对应板卡。

另外,LEU 属于24h 不间断工作设备,对于工控机类型的设备,定期上电复位可以有效消除故障的积累,及时发现系统隐患,延长设备工作寿命。因此建议每运行6个月进行一次整机复位并进行电路板检查,重新上电后,应观察 LEU 指示灯和监测软件显示状态,确保LEU 正常,同时应监测 LEU 插头、接线端子有无松动,如果有松动应加以紧固。

任务实施

根据检修内容,制定检修计划表,完成一个应答器室内外设备的标准维护任务。具体要求如下:

查找标准规范《城市轨道交通运营设备维修管理规范》(DB11/T 1345—2016)中关于应答器的维护要求。

按照任务准备环节中梳理的维护内容,完成维护表格的编制。要求表格在维护过程中可以随时携带和填写,维护项目以条目的形式体现,对测量结果可以进行有效记录。

对照表格完成应答器的维护工作,并规范记录实际数值和维护情况。

注意事项	应答器属于信号基础设备,在列车自动控制系统中发挥重要作用。因此,在应答器的维护工作中,需要主动查阅各类先进技术资料,不仅要维护好设备,更要掌握各类应答器在不同列车运行控制级别中的作用,才能更好地提升技术水平。

步骤一:查阅标准规范,记录其中对应答器的维护内容要求。

维护周期:＿＿＿＿＿＿＿＿＿＿＿＿＿＿＿＿＿＿＿＿＿＿＿＿

维护内容:＿＿＿＿＿＿＿＿＿＿＿＿＿＿＿＿＿＿＿＿＿＿＿＿

＿＿＿＿＿＿＿＿＿＿＿＿＿＿＿＿＿＿＿＿＿＿＿＿＿＿＿＿＿＿

＿＿＿＿＿＿＿＿＿＿＿＿＿＿＿＿＿＿＿＿＿＿＿＿＿＿＿＿＿＿

＿＿＿＿＿＿＿＿＿＿＿＿＿＿＿＿＿＿＿＿＿＿＿＿＿＿＿＿＿＿

＿＿＿＿＿＿＿＿＿＿＿＿＿＿＿＿＿＿＿＿＿＿＿＿＿＿＿＿＿＿

步骤二:分析维护风险和物资。

(1)预判维护工作中可能遇到的风险并提前防护。

风　　险:＿＿＿＿＿＿＿＿＿＿＿＿＿＿＿＿＿＿＿＿＿＿＿＿

防护措施:＿＿＿＿＿＿＿＿＿＿＿＿＿＿＿＿＿＿＿＿＿＿＿＿

(2)梳理维护过程需要的工具、物料、专用设备等。

工　　具:＿＿＿＿＿＿＿＿＿＿＿＿＿＿＿＿＿＿＿＿＿＿＿＿

物　　料:＿＿＿＿＿＿＿＿＿＿＿＿＿＿＿＿＿＿＿＿＿＿＿＿

专用设备:＿＿＿＿＿＿＿＿＿＿＿＿＿＿＿＿＿＿＿＿＿＿＿＿

＿＿＿＿＿＿＿＿＿＿＿＿＿＿＿＿＿＿＿＿＿＿＿＿＿＿＿＿＿＿

＿＿＿＿＿＿＿＿＿＿＿＿＿＿＿＿＿＿＿＿＿＿＿＿＿＿＿＿＿＿

步骤三:编制 LEU-S 型应答器系统维护记录表,并完成维护任务表 6-3。

LEU-S 型应答器系统维护记录表　　　　　表 6-3

站名:　　　　　区段:　　　　　检修人:　　　　　检修日期:

维护内容		技术标准	使用工具	检验结果	处理意见
室内 LEU 机柜	外观清洁				
	柜门检查				
	机柜电源检查				
	LEU 监控机除尘				
	插头检查				
	各螺栓紧固检查				
	机柜各板卡指示灯检查				
	监测机病毒检查				
	其他项目补充				
轨旁应答器	外观检查				
	安装检查				
	环境检查及清洁				
	接口确认				
	电缆盒检查及清洁				
	尾缆接线盒清洁				
	标牌及编号检查				
	其他项目补充				

步骤四:如需要更换应答器,完成新应答器报文烧写工作(表6-4)。

表6-4　　新应答器报文烧写

1. 软件报文烧写
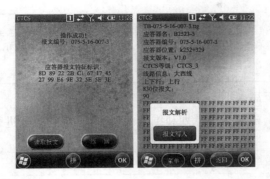
记录:应答器名:_____;应答器编号:_____;应答器位置:_____;报文版本:_____。
2. 确定安装位置
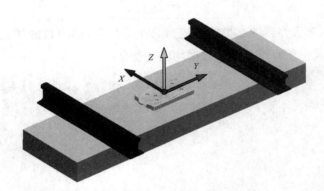
要求:应答器 X、Y、Z 为基准轴。与 X 轴最大偏差角 ±5°,与 Y 轴最大偏差角 ±2°,与 Z 轴最大侧向偏离为 ±15mm。 记录实际安装位置与 X、Y、Z 基准轴的偏差:_____
3. 设备安装
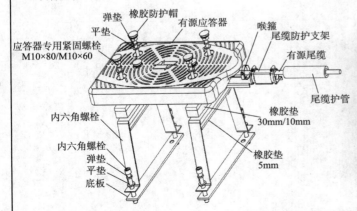 

续上表

> 要求:使用扭力扳手和紧固器拧紧固定应答器的专用螺栓,保证紧固力矩或者等效力矩为$(24\pm1)N\cdot m$。
> 记录实际螺栓紧固力矩:_____
> 原应答器 S/N 号记录:_____
> 更换后应答器 S/N 号记录:_____
> 说明:更换故障部件前,需要检查新旧部件型号是否一致,更换中保持新部件接触良好,更换后要按照维护内容进行室内外测试,确保各指标、功能符合标准要求。

步骤五:进行维护反思。

针对实际维护过程,梳理维护计划和维护内容,对其中的疏漏进行补充与完善。

_____
_____
_____
_____

填写要求说明:对应答器的维护情况进行总结,对不合格项目的产生情况进行分析,并提出预防措施及建议。所有维护测试数据均应妥善存储。

课堂讨论	单一应答器丢失不会影响运营。但应答器报文的丢失有时是随机的,不是每列车都会丢失。请以小组为单位,讨论如何提前发现哪些应答器丢失报文,以便提前修复?
学习笔记	

任务评价

班级：　　　　　姓名：　　　　　学号：　　　　　指导教师：

考核项目		完成应答器设备维护		
序号	评价标准	分值	自评得分（40%）	教师评分（60%）
1	能够主动沟通表达，准确查找标准规范资料的内容，复述三点以上应答器室内设备和室外设备的维护要求。	20		
2	能够按照维护内容，条理清晰地编制 LEU-S 型号应答器系统的维护记录表，没有漏检漏修项目。	20		
3	能够按照维护记录表，有条理地进行室外各类应答器、室内 LEU 机柜的维护工作，并按照实际情况准确填写维护记录表。	20		
4	能够对本次任务进行总结与反思，给出改善和优化意见。	20		
5	能够主动查找前沿技术，分享维护应答器的新技术、新方法。	20		
	合计	100		

任务总结

项目拓展及演练

演练要求

以小组为单位完成以下任务:首先,了解地铁运营企业的实际故障;然后,对应编写应急抢修演练脚本,明确在应急抢修过程中每个职位的工作内容;最后,分角色进行演练,在规定时间内完成故障处置及修复工作。

职业准备

只有持续不断地自主学习,不断收集分析各种历史故障,主动查阅各类技术资料和规章制度,才能在真正发生故障时不慌张,冷静地组织故障处置,更好地服务地铁运营。

一、故障应急抢修演练

1. 了解故障现象

信号维修技术员接到故障报警中心通知:在运营期间,有5列运营的列车,先后于正线上行某固定区域丢失位置发生紧急制动,随后重新定位升级成 CBTC 模式,运行正常。

2. 确认故障影响

此故障造成运营中的5列列车发生紧急制动,造成其中一列车运营晚点 2min,目前无乘客投诉。

动画演示

无源应答器报文丢失故障原因及处理

3. 组织现场故障处置(表6-5)

现场故障处置　　　　表6-5

时间	事件
11:40	信号维修技术员接到故障报警中心通知:301 和 306 车 10:00 左右在正线上行 A 站~B 站区间运营时,列车位置丢失,发生紧急制动。行车调度员授权后以手动模式开启,列车随后重新定位,升级成 CBTC 模式,运行正常。
11:50	信号维修技术员查看 ATS 回放:301 和 306 车 10:01 在正线上行 A 站~B 站区间 16G 处发生紧急制动降级为人工驾驶模式,随后经过后续的两个连续应答器,升级为 CBTC 模式,运行正常。
12:10	信号维修技术员将故障情况通知信号维修工程师。信号维修工程师答复:关注列车运行情况,查询列车回段时间,回段后下载两端 VOBC 日志。
13:20	信号维修工程师组织应急工作队,信号维修工程师联系行车调度员,获得授权后,在 A 站站台端门外,安排信号维修技术员添乘后续列车,在驾驶室观察故障区间应答器设备状态。
13:23	信号维修技术员在驾驶室观察,通过 301、306 车降级,要求司机转换手动驾驶匀速通过,同时重点对附近应答器、无线天线等信号设备的外观进行瞭望,未发现异常情况。
15:22	信号维修工程师接到故障报警中心通知:又出现3列运营列车,在同一区间位置发生位置丢失情况,并紧急制动。

续上表

时间	事件
15:32	信号维修工程师联系室内信号维修技术员,对 LEU 各个板卡的状态、轨旁 ATP 设备状态进行检查,未发现故障。
15:55	信号维修工程师联系信号维修高级工程师,信号维修高级工程师联系场段信号班组,要求场段值班的信号维修工程师下载 301 车的 VOBC 日志。
16:30	场段信号维修工程师答复:在列车车载运行日志中,没有接收到连续两个应答器信息的报警内容。定位故障点为轨旁应答器。
16:32	信号维修高级工程师到达正线故障区域信号设备室,指导故障处理:协调场段应答器备件,指示做好应答器备件的报文烧写工作,准备好应急抢修工作,做好运营期间应急抢修的准备。后续出现 2 列车紧急制动情况,暂时没有晚点。
00:05	夜班信号维修工程师组织工作队,在获得施工批准后,进行区间作业,对故障的两个应答器进行检查。
00:35	信号维修技术员检查应答器外观、安装、线缆均正常。用应答器测试仪,对应答器内容报文信息进行检查,内部信息无误。
01:05	信号维修工程师对应答器周边环境进行检查,发现旁边钢轨扣件上出现新增的环形铁绑线,怀疑为列车经过时,回流电在铁绑线中流过,出现磁场,对应答器与列车之间的无线报文传输产生影响。
02:15	信号维修工程师与线路维修人员进行联系,要求拆除对应铁绑线。
03:15	线路工作队人员对扣件铁绑线进行了拆除。
10:00	信号维修技术员值守到早高峰运营结束,没有再次发生类似事件,信号维修工程师判断故障修复,工单关闭。

4. 编写应急报修演练脚本

根据故障时序,编写应急抢修演练脚本,明确到每个职位的工作内容,注意标准用语。

二、组织故障调查和后续跟进行动

1. 故障调查

查看 ATS 回放记录,紧急制动的 5 列车,其位置丢失区域均在 A 站~B 站上行固定区间。

对该故障进行分析,可能的故障点包括:

(1) BTM 设备故障,列车无法收到两个连续应答器,会造成列车位置丢失;

(2) 应答器天线及其线缆存在问题;

(3) 列车测速设备发生故障,导致速度无效,会丢失位置;

(4) 列车运营周围的无线天线故障,导致列车移动通信丢失。

需要进一步根据故障列车的车载日志确认故障的具体原因。通过日志解析,明确故障点位于区间内固定连续的两个应答器。夜间工作,测试应答器指标正常,但对应答器周边环境进行检查,发现旁边钢轨扣件上出现新增的环形铁绑线。

信号维修高级工程师与线路人员沟通,了解到故障的前一晚,线路人员对该区域内钢轨的扣件统一增加了铁绑线,以达到道床减振的目的。该作业完成后,第二天的运营即出现了列车在该区域频繁丢失位置,与应答器出现通信故障。

2. 故障结论

信号维修工程师总结故障结论:

环形金属线在列车经过时,会产生回流电,进而出现磁场,干扰了应答器与列车的正常无线通信,造成列车频繁在该区域紧急制动的故障。联系线路人员拆除金属绑线后故障修复。本次故障非通信信号设备本身故障,而是设备运营环境变化造成的故障。

3. 后续跟进行动

信号维修高级工程师布置并推进后续跟进行动:

(1) 信号部门与线路部门沟通,严禁在信号设备周边使用该类方法固定轨道扣件,避免电磁干扰。

(2) 增加对设备(尤其是无线通信设备)运行环境的检查。在应答器设备的维护指引中,增加信号维修技术员进行定期检查。

(3) 其他建议:_____

_____

_____

三、应急演练总结与复盘

演练人员的操作:迅速□　　迟缓□　　说明:_____

演练方案及程序:符合要求□　　有欠缺□　　说明:_____

演练相关设备运行情况:操作正常□　　操作不熟悉□　　说明:_____

演练中各角色的配合情况:流畅□　　有待改进□　　说明:_____

需改善的建议:_____

_____

_____

知识与技能自测

一、判断题

1. 基于应答器所构成的应答器系统中,地-车的通信方式为点对点通信。（　　）
2. 无源应答器是一种可以发送报文数据的高速数据传输设备,其本身没有电源,其内部储存的信息也是固定的。（　　）

二、多项选择题

1. 应答器的传递内容主要包括(　　)。
   A. 线路基本参数　　　　　　　　　B. 线路速度信息
   C. 临时限速信息　　　　　　　　　D. 车站进路信息
2. 应答器系统构成包括(　　)。
   A. 地面电子单元　　　　　　　　　B. 地面应答器
   C. 车载应答器设备　　　　　　　　D. 中心设备

三、填空题

1. 应答器也称"信标",分为_____应答器、_____应答器,以及_____应答器。
2. 应答器系统主要由_____和_____两部分组成。车载设备包括_____、_____;地面设备包括_____、_____等。

四、综合题

1. 简述应答器在 CBTC 系统中的作用。
2. 简述应答器设备在轨旁的布置,以及在不同位置的作用。

综合题记录区域

维护信号防雷和接地设备

项目 7

城市轨道交通信号基础设备维护

项目要求

雷击会对信号设备产生巨大影响,直接影响运营的安全。随着轨道交通的不断发展,针对轨道交通中的电子电气设备的防护技术也在不断发展。本地铁线路信号维修技术员需要认识城市轨道交通信号系统的防雷和接地设备,并完成防雷和接地设备的标准维护工作。

项目说明

防雷和接地的标准维护是城市轨道交通信号维修技术员的最基本和最重要的职业技能之一。完成该任务,首先,需要梳理信号系统中防雷和接地设备的布置情况;然后,盘点汇总所使用的所有防雷和接地设备的类型,了解其工作原理、设备构成,准备好维护备件;最后,按照标准规范梳理维护项目并完成维护任务。

学习目标

知识目标

1. 掌握防雷和接地设备的作用,认识不同种类的防雷和接地设备。

2. 识别典型的防雷和接地设备的外观和工作原理。

3. 理解防雷和接地设备的日常维护项目,复述维护内容。

能力目标

1. 能够辨识防雷和接地设备,掌握其工作原理、常用设备、布置原则。

2. 能理解防雷和接地设备的构成、应用地点。

3. 能够完成防雷和接地设备的日常维护项目,说明维护的内容和重点。

素质目标

1. 按照标准和规范严格地执行维护操作。

2. 具有爱岗敬业的劳动精神,精益求精追求卓越的工匠精神。

 建议学时

4 学时(每任务 2 学时)。

任务 7.1　完成防雷和接地设备资产盘点

接受任务

本任务中,信号维修技术员需要完成所辖线路上所有防雷和接地设备的识别和统计工作。通过主动查找图纸和技术规格书等资料,有条理地整理防雷和接地设备的工作原理知识,完成所有防雷和接地设备的统计工作。雷电对设备安全运行有着巨大的威胁,因此,信号维修技术员应当保持严谨、细致的作风,不漏掉一个细节,全面、准确地做好防雷和接地设备的识别和统计工作。防雷和接地设备现场图如图 7-1 所示。

 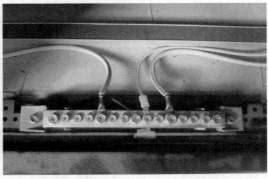

图 7-1　防雷和接地设备现场图

任务准备

● 准备工作 1　收集信号系统防雷设备信息

查找《信号系统设计说明书》,当发生雷击时,雷击放电诱发电磁脉冲,产生过电压和过电流。过电压和过电流经过信号系统的设备时,会通过传导、感应等方式损坏站内信号设备及网络,影响信号系统内部性能。

步骤一:辨识雷击的类型。

(1) 直接雷击:直接雷击是指雷云直接击中地面设施造成雷电危害。在雷电击中建筑物、金属导体或电子设备时,巨大的雷电雷流流入地下,在雷击点及其连接的金属部分产生极高的对地电压,可能直接引起接触电压或跨步电压等触电事故,强大的雷电电流转变成热能,瞬间释放约数百兆焦耳的能量。

动画演示

地铁信号系统防雷和接地原理

(2) 感应雷击:电磁脉冲、电磁感应及雷电浪涌都属于感应雷击。由感应雷击产生的过电压、过电流,会影响电子设备的正常工作,使设备受到损坏,还会对周围的物体产生二次放电,威胁安全。感应雷击原理如图 7-2 所示。

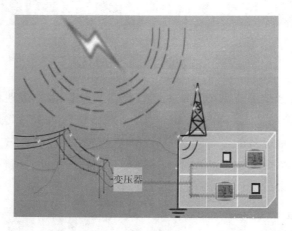

图 7-2 感应雷击原理

课堂讨论	对比两类雷击,是感应雷击猛烈还是直接雷击猛烈?是感应雷击发生的概率大还是直接雷击发生的概率大?是感应雷击波及区域广泛还是直接雷击波及区域广泛?
学习笔记	

(3)静电感应:当空间有带电的雷云时,雷云下的地面及建筑物等,都由于静电感应的作用而带上相反的电荷,这种电荷受带电雷云产生的电场束缚。当雷云对地放电或对云间放电时,云层中的电荷在一瞬间消失,原被束缚的电荷也在一瞬间失去了束缚,这些电荷将会产生大电流冲击,从而造成对信号设备的雷电危害。静电感应原理如图 7-3 所示。

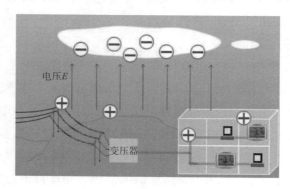

图 7-3 静电感应原理

步骤二：总结雷击对信号系统的影响。

露天段场的室外信号基础设备，如轨道电路、信号机、转辙机等，受直接雷击影响较大；信号楼是信号设备受雷电影响最严重的地方，既受直接雷击又受感应雷击的影响。雷击对信号系统的影响汇总如表 7-1 所示。

雷击对信号系统的影响　　　　　　　　　表 7-1

名称	类型	说明
电磁脉冲	雷电正面击中信号设备	雷击形成的雷电电磁脉冲会在信号系统里产生过电流或者过电压
电磁感应	雷云放电后，附近的信号电缆线、设备间连接会产生电磁感应	原理：放在变化磁通中的导体，会产生电动势。若将此导体闭合成一回路，则该电动势会驱使电子流动，形成感应电流
冲击波	雷电冲击波通过绕在组间分布电容耦合的方式，入侵到信号低压回路	低电压入侵信号低压回路，对信号电源设备产生影响
雷电浪涌	因电流和通信线路在雷击发生时感应的电流浪涌而造成	会对信号线路中的其他设备造成损害，需在短时间内进行电流分流

步骤三：查找雷电防护原则与措施。

《建筑物防雷装置检测技术规范》(GB/T 21431—2015) 中对防雷装置的定义为：用于减少闪击击于建(构)筑物上或建(构)筑物附近造成的物质性损害和人身伤亡，由外部防雷装置和内部防雷装置组成。

1. 防雷原则

应将信号系统及其运行环境作为一个整体进行考虑，防护应该针对整体进行，而不应该只考虑局部情况。

信号系统的防雷包括外部防雷系统和内部防雷系统两个部分，是一个有机的整体。外部防雷主要是指防直击雷，它由接闪器、引下线和接地装置组成。内部防雷包括安装浪涌保护器、合理布线等。信号系统的综合防雷系统如图 7-4 所示。

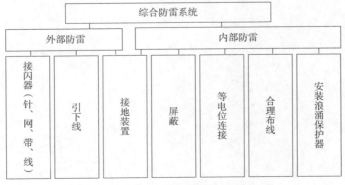

图 7-4　信号系统的综合防雷系统

视野拓展	正常情况下,防雷装置应不影响被防护设备的工作。在受到雷电干扰时,信号设备不应产生危险输出和错误输出,不能影响行车安全。

2. 防雷措施

室内信号设备防雷:室内设备主要集中在信号设备室,在信号楼安装的避雷针应能满足对整个信号楼区域的保护,有效防止直击雷的袭击。

室内外接口线路防雷:户外线路遭受到直击雷或感应雷击后,线路中的大电流会随着线缆传入机房内部,从而引起对内部设备的损坏。室内信号设备的电源馈线雷电防护可分两级:前级浪涌保护器宜装在室内外分界处,一般在防雷分线柜中集中安装,其通流容量大;在靠近被保护设备处设一级电源防护。防雷分线柜中集中安装的防雷备如图7-5所示。

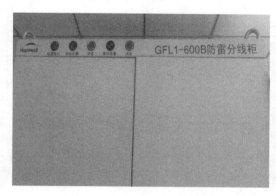 

图7-5 防雷分线柜中集中安装的防雷设备

室外信号设备防雷:轨道是接收直击雷和传导感应雷的良好导体,与道轨连接的相关信号设备,如信号机、轨道电路箱、道岔电动转辙机等,易受雷击威胁。因此,在对应设备的内部,需要加装防雷模块。

小组讨论	雷电放电本身有一定的随机性,雷电参数具有一定的统计性质。我们可以对雷电进行100%的防护吗?为什么?
学习笔记	

防雷对于城市轨道交通信号设备而言是一项长期性的工作,雷电对信号设备的危害不可避免,但如何通过行之有效的方式减小甚至避免雷击对信号设备的影响是能够实现的。

● 准备工作2　收集信号系统接地设备信息

查找《信号系统设计说明书》。对于电子设备的"地"通常有两种含义:一种是"大地"(安全地),另一种是"系统基准地"(信号地)。接地就是指在系统与某个电势基准面之间建立低阻的导电通路。

接地的目的是出于安全考虑,即保护接地。为信号电压提供一个稳定的零电势参考点(信号地或系统地)屏蔽保护作用。

步骤一:查找接地设备的类型。

1. 电源接地

电源接地包括交流及直流电源接地。电源地是电源零电势的公共基准地。电源往往同时供给系统中的各个单元电流,而各个单元要求的供电性质和参数可能有很大差别,因此,既要保证电源稳定可靠地工作,又要保证其他单元稳定可靠地工作。电源地一般是电源的负极。

2. 防浪涌接地

防浪涌接地主要防护雷击后的浪涌,目的是使雷电流顺利入地,因此信号系统中设有接地线,供防雷元件接地,用以泄放雷电产生的电流。例如,在信号楼设综合接地,接地电阻不得大于1Ω。

3. 防静电接地

电子设备中设置防静电接地的目的是降低静电放电对电子设备的损害。当不同的物体接触时,由于物体表面载流子的浓度和逸出功不同,载流子就从一个表面迁移到另一个表面。因此,在信号系统中,需将静电也一并引入综合接地中进行防控。

4. 工作接地

工作接地是为了使电路正常工作而提供的一个基准电势,这个基准电势一般设定为零。该基准电势可以设为电路系统中的某一点、某一段或某一块等。当该基准电势不与大地连接时,视为相对的零电势。但这种相对的零电势是不稳定的,它会随着外界电磁场的变化而变化,使系统的参数发生变化,从而导致电路系统工作不稳定。当该基准电势与大地连接时,基准电势视为大地的零电势,而不会随着外界电磁场的变化而变化。

步骤二:查找接地设备信息。

《建筑物防雷装置检测技术规范》(GB/T 21431—2015)中对接地的定义为:一种有意或非有意的导电连接,由于这种连接,可使电路或电气设备接到大地或接到代替大地的某种较大的导电体。

按信号专业要求,供电专业在车站、控制中心、车辆段信号设备室、试车线设备室提供接地箱,在区间设置区间信号设备的接地母线。在信号机房中,由于信号机房空间的限制,不允许给每个系统单独提供接地,因此提出了综合接地的要求。综合接地如图7-6所示。

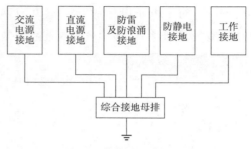

图7-6　信号系统综合接地

综上所述,在城市轨道交通信号系统中,为了保障系统安全,系统接地、保护接地等是必不可少的措施。合理地布置综合接地系统,可以对信号系统提供全面的保护,是信号系统正常工作的必要环节。

> **温馨提示**
>
> 防雷与接地设备的设置,都是为了给信号设备及信号维修技术人员提供安全的防护措施。安全是城市轨道交通的第一要务,要时刻谨记"安全第一,预防为主,综合治理"的安全生产方针,不忽视一个细节,不放过一个漏洞。

任务实施

防雷模块种类繁多,为了避免设备故障后无备件更换,影响设备运行的情况发生,信号维修技术员需要对防雷分线柜上所有的防雷设备进行识别和记录,并按照所记录的规格型号进行备件储备,这样才能完成防雷设备的识别和盘点记录工作(表7-2)。

防雷设备的识别和盘点记录表　　　　　　　　　　　　　表7-2

(1)在防雷分线柜上,对所有的防雷、防浪涌模块进行辨识。 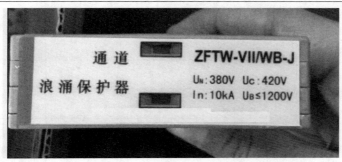 上图中的设备名称为_____,型号为_____。观察上图的参数,记录如下: 其中电压参数1为:_____,上图中其参数值为:_____。此参数表明了应该选用的保护器的类型,标出了交流或直流电压的有效值。 其中电压参数2为:_____,上图中其参数值为:_____。此参数表明了能长久施加在保护器的指定端,而不引起保护器特性变化和激活保护元件的最大电压有效值。 其中电压参数3为:_____,上图中其参数值为:_____。此参数表明了保护器在测试中的最大电压值。 其中电流参数为:_____,上图中其参数值为:_____。此参数表明了保护器所耐受的最大冲击电流峰值。
(2)盘点所有信号机柜上的防雷模块的类型,完成记录工作。 

续上表

各个信号机柜上的防雷模块、浪涌保护器等模块,如前图示例,完成防雷设备管理台账。

防雷设备管理台账

序号	防雷名称	防雷设备型号	安装位置	电压参数	电流	日期
示例	浪涌保护	ZFTW-Ⅶ/WB-J	F1-502	380V 420V 1200V	10kA	××.×.×
1						
2						
3						
4						
5						

想一想	防雷模块是否要定期检测?是否要对检测日期和检测周期进行记录?为什么?

学习笔记	

任务评价

班级：　　　　　　姓名：　　　　　　学号：　　　　　　指导教师：

考核项目		完成防雷和接地设备资产盘点		
序号	评价标准	分值	自评得分（40%）	教师评分（60%）
1	任务实施工作页填写字迹美观清晰，题目填写齐全。	20		
2	在课堂讨论中，能够主动辨识不同雷击的类型，阐述雷击对信号系统的影响。	20		
3	在课堂讨论中，能够复述信号系统接地类型，以及综合接地的原则。	20		
4	能够对信号防雷分线柜上安装的所有防雷、防浪涌模块进行辨识，明确其各项参数的含义。	20		
5	能够完整、准确地完成信号设备室内所有机柜上的防雷模块的类型统计。	20		
	合计	100		

任务总结

任务7.2　完成防雷和接地设备维护

接受任务

本任务中,信号维修技术员需要按照标准规范梳理防雷和接地设备的所有维护内容,然后组织完成对应的维护工作。按照标准规范严格地执行,一丝不苟地操作,是合格的信号维修技术员所必须具有的职业素养。

任务准备

准备工作1　梳理防雷和接地设备维护项目

在信号系统中,要求对防雷和接地设备,如防雷箱、接地牌等进行外观检查、安装状态检查、紧固、接地性能测试等维护内容;要求其外观无断裂、锈蚀现象,设备安装牢固无松动、脱落现象,接地阻值符合技术要求。

> **温馨提示**　在信号系统和各类设备的设计、施工、安装、维护等方面,一定要根据国家相关技术标准严格执行,才能够有效地防止雷击危害,将影响降至最低。

步骤一:梳理防雷分线柜的维护内容。

清扫防雷分线柜:要求机柜内、外部清洁,无灰尘。

防雷模块插接紧固:接线端子及配线检查时,要求目测各配线整齐,垫圈、弹簧垫圈、螺母完好无缺;确认防雷模块与底座连接牢固,无线伤及线头病害。

防雷模块、防浪涌模块的窗口显示正常:如窗口颜色变为故障显示,则表明防雷模块已经失效,须立即更换。

步骤二:梳理防雷箱的维护内容。

雷电计数器检查:雷电计数器是用来监视防雷箱经受雷电或浪涌过电压次数的装置。可在每年雷雨季节后或确认防雷箱内电源浪涌保护器受雷后,将电源浪涌保护器拔下,使用防雷元件测试仪进行检测。防雷箱如图7-7所示。

电源浪涌保护器检查:正常工作时显示白色标志,当防雷模块遭到雷击失效后,防雷模块翻红牌,同时进行声光报警。

防雷箱电源空开检查:空开可以正常接通和断开电路,在电路发生过载和短路的情况下跳闸,外观无异常,线缆连接紧固。防雷箱电源空开故障状态如图7-8所示。

 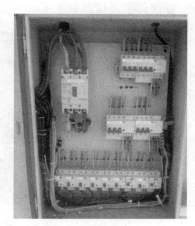

a)外部　　　　　　　　　　　b)内部

图 7-7　防雷箱实物图

图 7-8　防雷箱电源空开故障状态

温馨提示	仔细观察上面的故障空开与其他空开的区别在哪？在信号设备的故障处置过程中,仔细观察细节,运用对比等方法,有助于尽快定位故障点,完成故障判断。
学习笔记	

步骤三:梳理接地设备的维护内容。

接地设备检查主要包括设备室综合接地铜排检查,各个信号子系统机柜、电源等设备接地铜排检查,以及区间设备及室外设备防雷、接地、工作地、保护地等检查。

外观检查:要求外观完好,无锈蚀现象,标签完整,标志清晰。

状态检查:要求设备及接线端子安装牢固,无松动及脱落现象,如图7-9所示。

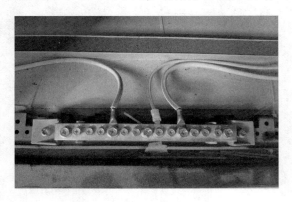

图7-9 接地铜排状态检查

一般情况下接地线缆为黄绿双色。在维护过程中,对室内外信号系统的接地状态进行测试时,要求室内设备的接地电阻小于1Ω,室外设备接地电阻小于4Ω,防雷接地电阻小于10Ω。

课堂状态	从接地的原理出发,信号系统各个机柜的接地线缆和接地铜排之间的接地线缆电阻应越大越好,还是越小越好?如果电阻超标,会产生什么后果?
学习笔记	

●准备工作2 分析常见故障及处理方法

查看既有线防雷和接地设备的维护记录,总结常见故障,提前做好应对准备工作。

1. 防雷设备的故障处理

故障现象:在日常巡视、设备维护、故障报警查询等工作过程中,可以检查出防雷模块的故障情况,可以通过对应设备的故障报警信息,定位故障类型。如图7-10中的电源系统的防雷模块故障报警信息。

故障处置:产生报警信息后须人工确认,检查对应线路的防雷模块的状态,排查设备发现防雷模块窗口变色的情况,检查防雷模块的外观、安装状态。定位到故障防雷模块后,对故障防雷模块进行更换,并紧固对应线缆,观察设备状态是否异常,无其他报警信息后,故障处理完成。防雷模块状态显示指示窗如图7-11所示。

图 7-10　电源系统的防雷模块故障报警信息

图 7-11　防雷模块状态显示指示窗(图中方框变红)

故障原因:防雷模块故障主要原因为击穿和漏电。其中击穿是防雷器正常工作损坏;漏电属于故障,是由于防雷器在使用过程中工频电压过高或防雷器劣化引起的漏电流变大,大的漏电流会引起防雷器发热起火,引发火灾,需要及时更换。

2. 接地线缆的故障处理

故障现象:在日常巡视中,如发现有虚接、断线、接地电阻过大的情况,查明原因后要对接地线缆进行更换。接地线缆故障不会影响信号设备功能的发挥。

故障处理:信号系统电源接地故障是维护工作中常见问题之一,但与其他故障又存在本质区别,而且隐蔽性非常强,需要用专用接地电阻测试仪器进行测试。

故障原因:主要为环境因素(如振动、温湿度),或其他非信号专业问题。按照信号专业与其他专业的接口划分,若确定是非信号专业接地线缆的问题,则向上级反馈,报送对应专业对综合接地进行检修。

任务实施

根据检修内容,制定检修计划表,完成防雷和接地设备的标准维护任务。具体如下:

查找《城市轨道交通运营设备维修管理规范》(DB11/T 1345—2016)中关于信号设备防雷的维护要求。本任务以北京市地方标准为准料查阅来源,同学们可按自己计划从事工作的城市或任课教师指定的资料收集相关信息。

按照任务准备环节中梳理的维护内容,完成维护表格的编制,维护项目以条目的形式体现,对测量结果可以进行有效记录。

对照表格完成防雷和接地设备的维护工作,并规范记录实际数值和维护情况。

> **注意事项** 防雷和接地设备布置较为分散,且与其他专业存在接口和共用。因此,在维修过程中,需要明确区分作业面,按照标准规范严格执行维护操作,避免违规操作造成设备损坏,以及对其他专业产生影响,造成故障扩大。

步骤一:查阅标准规范,记录其中对防雷和接地的维护内容要求。

维护周期:_____

维护内容:_____

_____

_____

步骤二:分析维护风险和防护措施。

(1)预判维护工作中可能遇到的风险并提前防护。

风　　险:_____

防护措施:_____

(2)梳理维护过程需要的工具、物料、专用设备等。

工　　具:_____

物　　料:_____

专用设备:_____

步骤三:编制防雷和接地设备维护记录表(表7-3),并对应完成维护任务。

防雷和接地设备维护记录表　　　　　　　　　　　　表7-3

站名:　　　　　区段:　　　　　检修人:　　　　　检修日期:

维护内容	技术标准	使用工具	检验结果	处理意见
防雷分线柜清扫及检查	机柜内、外部洁净,无灰尘			
	目测机柜柜体固定牢固,各层固定螺栓紧固			

续上表

维护内容	技术标准	使用工具	检验结果	处理意见
各个机柜防雷模块检查	安装检查：			
	状态显示：			
	异常报警信息：			
综合接地及各个机柜接地线缆检查	要求外观完好，无锈蚀现象，标签_____，标志_____			
接地电阻测试	室内接地电阻测试，要求室内机柜电阻不大于_____Ω			
	室外信号系统接地电阻要求不大于_____Ω			
	防雷接地电阻要求不大于_____Ω			
电源防雷箱	工作状态及外观检查，两路输入灯及面板显示_____			
	机柜清扫：_____			
	内部检查：_____			
	配线检查紧固：_____			
其他项目补充				

步骤四：常见部件更换记录。

更换部件名称：_____

故障部件 S/N 号记录：_____

新部件 S/N 号记录：_____

说明：更换故障部件前，需要检查新旧部件型号是否一致，更换中保持新部件接触良好，确保各指标、功能符合标准要求。

步骤五：进行维护反思。

针对实际维护过程，梳理维护计划和维护内容，对其中的疏漏进行补充与完善。

_____

_____

_____

_____

_____

_____

填写要求说明：对不合格项目的产生情况进行分析，并提出预防措施与建议。所有维护测试数据均应进行妥善存储。

任务评价

班级：　　　　　姓名：　　　　　学号：　　　　　指导教师：

考核项目	完成防雷和接地设备维护			
序号	评价标准	分值	自评得分（40%）	教师评分（60%）
1	能够主动沟通表达，准确查找标准规范资料的内容，复述三点以上防雷和接地设备的维护要求。	20		
2	能够收集历史维护报告，分析常见防雷和接地设备的故障及处理方法。	20		
3	能够按照维护记录表，有条理地填写防雷和接地设备维护表格，记录表填写完整有效。	20		
4	能够对本次任务进行总结与反思，给出改善和优化意见。	20		
5	能够主动查找前沿技术，分享维护防雷和接地的新技术、新方法。	20		
	合计	100		

任务总结

项目拓展及演练

演练要求

以小组为单位完成以下任务:首先,了解地铁运营企业的实际故障;然后,对应编写应急抢修脚本,明确在应急抢修过程中每个职位的工作内容;最后,分角色进行演练,在规定时间内完成故障处置和修复工作。

职业准备

地铁中有些事故是由人为错误引发的,小则造成财产损失,大则危害行车安全。信号维修技术员需要端正安全态度,遵守安全法规,加强工作责任感,养成严谨作风,培养安全习惯,自主自律管理,才能有效减少人为事故的发生。

一、故障应急抢修演练

1. 了解故障现象

某车辆段的列车在出库运行至场区时发生接地故障,导致场区停电,当值场段调度员发现场区有打火花现象。此后经过调查,确认为列车 M1 车的转向架上挂了一辆自行车,导致列车接地,部分信号设备受损。

2. 确认故障影响

该故障导致场段内相应轨道区域的各项作业停止 1h,对应轨道电路箱盒内的防雷模块被击穿。

3. 组织现场故障处置(表 7-4)

现场故障处置　　　　　　　　　　　表 7-4

时间	事件
14:25	车辆专业值班工程师报告行车调度员:某列车出库时列车接地,出现异响,现令列车换端回库,行车调度员令其抓紧安排备用列车更换。
14:30	车辆专业值班工程师要求现场区内接触轨停电。
14:35	列车蓄电池牵引回库,车辆专业值班工程师要求后续出场列车也使用蓄电池牵引出场。
14:38	当值信号维修工程师在 ATS 上检查,停车场报场区内 9DG 红光带,安排信号维修技术员去现场检修。
14:55	车辆专业值班工程师初步判断列车出库接地的原因为,场区××股道旁停放了一辆自行车,列车运行出库时碰到自行车造成接地,接地打出火球引燃了旁边的草皮,火情被安保人员使用灭火器扑灭。
15:27	车辆段派出备车,替换故障列车。
15:35	信号维修技术员报告停车场 9DG 红光带故障原因为,9DG 的轨道电路受电箱内保险故障。
15:40	信号维修工程师分析发现,由于自行车挂在列车受流器上,三轨的 750V 高低压通过自行车与轨道短接,造成对应轨道电路箱盒内的防雷模块故障。
15:50	信号维修技术员更换对应防雷模块后,故障修复,工单关闭。

4. 编写应急抢修演练脚本

根据故障时序，编写应急抢修演练脚本，明确到每个职位的工作内容，注意标准用语。

_____
_____

二、组织故障调查和后续跟进行动

1. 故障调查

检查列车，发现 M1 车的受流器上挂了一辆自行车，自行车轮已经严重变形并烧损，M1 车的受流器和转向架也受到了损伤。经过调查，此自行车是承包商员工的，承包商员工于前日 20:30 骑车进入停车库，自行车停放位置侵入列车运行限界。

此故障造成如下影响：

（1）车辆专业：对应列车的受流器受损，需更换；

（2）信号专业：接地区域的轨道电路防雷受损，需更换；

（3）线路专业：对应区域的钢轨被灼伤，需要更换对应钢轨。

另外，此故障导致场段内相应轨道区域的各项作业停止 1h。

2. 故障结论

列车在场区发生高压接地故障的原因是：自行车侵入车辆限界，与列车 M1 的 A 侧受流器剐蹭并被带出停车库，到场区后发生高压接地故障。

司机在驾驶列车出库时，自行车已侵入车辆限界的位置，但司机没有发现，导致列车与自行车剐蹭，并携带自行车进入场区造成高压接地打火。

同时自行车挂在列车受流器上，三轨的 750V 高低压直接通过自行车与轨道短接，造成信号专业所辖设备的轨道电路箱盒内的防雷烧毁，线路专业所辖钢轨被灼伤。

此故障原因为：人因事故。

3. 跟进与行动

车辆段方面，加强车辆承包商的管理，再次强调禁止自行车等交通工具入库，要求承包商对违章人员提报处罚结果。

司机方面，要求司机在出库前加强瞭望，对司机进行二次培训。

三、应急演练总结与复盘

演练人员的操作：迅速□　　迟缓□　　说明：_____

演练方案及程序：符合要求□　　有欠缺□　　说明：_____

演练相关设备运行情况：操作正常□　　操作不熟悉□　　说明：_____

演练中各角色的配合情况：流畅□　　有待改进□　　说明：_____

需改善的建议：_____